주역통 요약본

3,000년의 세월을 거슬러 주역의 핵심과 소통하기

이을로

3,000년의 세월을 거슬러 주역의 핵심과 소통하기

주역통 요약본

초판1쇄 발행 2011년 12월 10일

글 이율로 펴낸곳 (주)늘품플러스 펴낸이 전미정 기획·교정 정윤혜 이동익 디자인·편집 남지현
출판등록 2008년 1월 18일 제2-4350호 주소 서울 중구 필동1가 39-1 국제빌딩 607
전화 070-7090-1177 팩스 02-2275-5327 이메일 go5326@naver.com 홈페이지 www.npplus.co.kr
ISBN 978-89-93324-32-7 03150 정가 8,500원

ⓒ이율로, 2011

이 책은 저작권법에 따라 보호받는 저작물이므로 무단 전재와 무단 복제를 금지하며,
이 책 내용의 전부 또는 일부를 이용하려면 반드시 저작권자와 (주)늘품플러스의 동의를 받아야 합니다.

팔괘로 찾는 64괘 일람

상괘→ 하괘↓	☰ 1 건천	☱ 2 태택	☲ 3 이화
☰ 1 건천	1 중천건 重天乾	43 택천쾌 澤天夬	14 화천대유 火天大有
☱ 2 태택	10 천택리 天澤履	58 중택태 重澤兌	38 화택규 火澤睽
☲ 3 이화	13 천화동인 天火同人	49 택화혁 澤火革	30 중화리 重火離
☳ 4 진뢰	25 천뢰무망 天雷无妄	17 택뢰수 澤雷隨	21 화뢰서합 火雷噬嗑
☴ 5 손풍	44 천풍구 天風姤	28 택풍대과 澤風大過	50 화풍정 火風鼎
☵ 6 감수	6 천수송 天水訟	47 택수곤 澤水困	64 화수미제 火水未濟
☶ 7 간산	33 천산둔 天山遯	31 택산함 澤山咸	56 화산려 火山旅
☷ 8 곤지	12 천지비 天地否	45 택지췌 澤地萃	35 화지진 火地晉

* 번호는 괘의 고유번호이다.
  (예 : 1 중천건은 1번째 중천건을 뜻한다)

상괘→ 하괘↓	☳ 4 진뢰	☴ 5 손풍	☵ 6 감수	☶ 7 간산	☷ 8 곤지
☰ 1 건천	34 뇌천대장 雷天大壯	9 풍천소축 風天小畜	5 수천수 水天需	26 산천대축 山天大畜	11 지천태 地天泰
☱ 2 태택	54 뇌택귀매 雷澤歸妹	61 풍택중부 風澤中孚	60 수택절 水澤節	41 산택손 山澤損	19 지택림 地澤臨
☲ 3 이화	55 뇌화풍 雷火豊	37 풍화가인 風火家人	63 수화기제 水火旣濟	22 산화비 山火賁	36 지화명이 地火明夷
☳ 4 진뢰	51 중뢰진 重雷震	42 풍뢰익 風雷益	3 수뢰준 水雷屯	27 산뢰이 山雷頤	24 지뢰복 地雷復
☴ 5 손풍	32 뇌풍항 雷風恒	57 중풍손 重風巽	48 수풍정 水風井	18 산풍고 山風蠱	46 지풍승 地風升
☵ 6 감수	40 뇌수해 雷水解	59 풍수환 風水渙	29 중수감 重水坎	4 산수몽 山水蒙	7 지수사 地水師
☶ 7 간산	62 뇌산소과 雷山小過	53 풍산점 風山漸	39 수산건 水山蹇	52 중산간 重山艮	15 지산겸 地山謙
☷ 8 곤지	16 뇌지예 雷地豫	20 풍지관 風地觀	8 수지비 水地比	23 산지박 山地剝	2 중지곤 重地坤

일러두기 이 책의 구성과 해석 기준

1. 책의 구성

이 책은 현토(懸吐)한 역경과 주역통(周易通, 이을로李乙魯 저, 늘품플러스 출간)에 실린 역경 해석을 요약한 것이다. 역경의 암송과 통송을 위해 반드시 필요한 부분이다.

역경의 내용을 빨리 찾기 위해서 앞표지의 뒷면에 64괘 색인표를 넣었다. 아울러 동효가 여러 개인 경우 해석의 기준이 조건표를 뒷표지의 앞면에 담았다. 동효가 여러 개인 경우의 해석은 고형(高亨)의 주역서법신고(易筮法新考)를 기준으로 하였다. 상세한 내용은 주역통(周易通)을 참고한다.

2. 역경 원문의 기준

역경 원문은 주역대전금주(周易大傳今注, 고형高亨, 2004 청화대학 출판본)를 기준으로 하였고, 주역 통행본(中國哲學書電子化計劃에 의한 역경 수록분, 2010. 07. 01 현재)도 참고하였다.

3. 역경 현토의 기준

역경의 현토(懸吐)는 주역대전금주(周易大傳今注)와 통행본(通行本) 내용을 기준으로 하되, 초죽서(楚竹書)와 백서주역(帛書周易)을 참고하였다. 현토한 역경 원문 중 ( )안에 있는 것은 통행본과

다르게 현토한 것이다. 이유는 주역통(周易通)의 해석을 참고한다.

4. 역경 해석에 참고한 초죽서와 백서주역

초죽서(楚竹書)와 백서주역(帛書周易)은 현재 쓰고 있는 주역 통행본을 보충하고 새로운 해석을 가능하게 해주는 귀중한 자료이다. 초죽서는 상해박물관장전국초죽서(上海博物館藏戰國楚竹書, 줄여서 전국초죽서 또는 상박초간이라 부른다)를 말한다. 1994년 상해박물관이 홍콩에서 사들인 대량의 초죽서를 정리하여 2003년 책으로 낸 책이다. 3권에 실린 주역의 내용은 현존하는 역경 중 가장 이른 시기의 것으로 기원전 221년 전후의 것이다. 백서주역은 1972년부터 발굴된 마왕퇴한묘백서(馬王堆漢墓帛書) 중 주역 부분을 말한다. 주역 경문(經文)외에 6종 7편으로 구성되어 있다. 한묘의 주인공은 서한(西漢)초기의 인물이고 기원전 168년에 묘가 만들어진 것으로 추정되고 있다.

본 책은 [금, 백, 죽서주역종고(今, 帛, 竹書周易綜考, 유대균劉大鈞, 상해고적출판사上海古籍出版社)를 저본으로 하여 초죽서와 백서주역의 내용을 역경 해석의 많은 부분에 참고하였다.

5. 괘명의 표시와 통일

괘명은 효사 중에서 어느 한 글자나 두 글자를 취하여 괘명으로 삼고, 괘사의 제일 앞에 있다. 그러나 현재 통용되고 있는 통행본 중 괘명이 생략된 괘가 있다. 이를 본 책에서는 ( )안에 표시하였다. 해당되는 괘는 다음과 같다. 10번 이괘(履卦), 12번 비괘(否卦), 13번 동인괘(同人卦), 52번 간괘(艮卦), 61번 중부괘(中孚卦).

또 현재 혼용되고 있는 괘명은 아래와 같이 통일하였다.
- 3번 괘명은 준괘(屯卦)로 한다. 둔괘로 쓰기도 한다.
- 33번 괘명은 둔괘(遯卦)로 한다. 돈괘로 쓰기도 한다.
- 45번 괘명은 췌괘(萃卦)로 한다. 취괘로 쓰기도 한다.

6. 괘 해석에 참고한 서적

본 책은 고형(高亨) 교수의 주역고경금주(2004 청화대학 출판본)와 주역대전금주(2004 청화대학 출판본)를 해석의 큰 기준으로 삼았다. 역경의 참고서에 해당하는 십익(十翼, 상경단전·하경단전·상경상전·하경상전·계사상전·계사하전·설괘전·서괘전·잡괘전·문언전)은 부득이한 경우 외에는 해석에 참고하지 않았다. 괘 해석에 참고한 서적들은 아래와 같다.
- 주역고경금주(周易古經今注, 고형高亨)
- 주역대전금주(周易大傳今注, 고형高亨)
- 주역통의(周易通義, 이경지李鏡池)
- 주역본의(朱易本義, 주희朱熹)
- 이천역전(伊川易傳, 정이程頤)
- 주역전의대전(周易傳義大全, 호광胡廣)
- 홍재전서(弘齋全書) 중 경사강의(정조와 김계락·윤행임·신복·강세륜 등의 문답집)

- 오주연문장전산고(五洲衍文長箋散稿, 이규경李圭景) 중 역경
- 사기 본기(김원중 역, 민음사)
- 춘추좌전(春秋左傳, 신동준 역, 한길사)
- 조선왕조실록 중 주역 관련 부분
- 조선시대 문집 중 주역 관련 부분
- 기타 국내 주역 관련서적과 주역 고서

7. 괘 해석에 참고한 한자

역경에 사용된 한자의 확실한 이해를 위해 아래 책을 참고하여 해설을 하였다.
- 설문해자(說文解字, 淸代 진창치陳昌治 각본)
- 설문해자주(說文解字注, 淸代 단옥재段玉裁)
- 설문해자주 부수자 역해(設文解字注 部首字 譯解, 염정삼)
- 강희자전(康熙字典)

8. 각 괘의 납갑과 핵심어

육효를 사용하는 이를 위해 각 괘에 납갑(納甲)·육친(六親)·복신(伏神)과, 세효(世爻)·응효(應爻)·신명(身命)을 붙였다. 아울러 효의 의미를 빨리 파악할 수 있는 효사의 핵심어를 각 괘에 제시하였다.

> **질문사항**
>
> 내용에 대한 질문은 두강원 홈페이지(www.uleenet.com)의 역학질문 게시판을 이용하십시오.

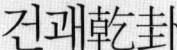

건괘乾卦 _{중천건重天乾 1번괘}

용을 통하여 쉬지 않고 나가는 일의 길흉을 설명했다.

世	▬▬ 上九	亢龍	戌·印
身	▬▬ 九五	飛龍	申·比
	▬▬ 九四	或躍	午·官
應	▬▬ 九三	乾乾	辰·印
命	▬▬ 九二	見龍	寅·財
	▬▬ 初九	潛龍	子·孫

〈상세해설은 주역통 46page〉

건은 원형하리니 이정이로다.
乾은 元亨하리니 利貞이로다.

큰 제사를 지낼 만하다. 앞으로 이로우리라.

초구는 잠룡이니 물용하느니라.
初九는 潛龍이니 勿用하느니라.

못 속에 숨어 있는 용과 같다. 아무 행동도 하지 말고 때를 기다려라. (건지구乾之姤, 天風姤·44번)

구이는 현룡재전이니 이견대인하느니라.
九二는 見龍在田이니 利見大人하느니라.

출현한 용이 밭에 있는 것과 같다. 출세를 하기 위해 높은 벼슬하는 사람을 만나는 것이 좋으리라. (건지동인乾之同人, 天火同人·13번)

1번괘
건괘
重天乾

구삼은 군자가 종일건건하고 석척약하면 여하나 무구리라.

九三은 君子가 終日乾乾하고 夕惕若하면 厲하나 无咎리라.

벼슬이 있는 사람이 종일 나아간다. 계속 나가지 않고 저녁에는 삼가는 태도를 갖는다면, 위태하나 허물은 없으리라. (건지리乾之履, 天澤履·10번)

구사는 혹약재연하면 무구리라.

九四는 或躍在淵하면 无咎리라.

혹 연못에서 뛰어오르는 용과 같으면 허물이 없으리라. (건지소축乾之小畜, 風天小畜·9번)

구오는 비룡재천이니 이견대인이니라.

九五는 飛龍在天이니 利見大人이니라.

나는 용이 하늘에 있는 것처럼 발전하는 상이다. 더 큰 발전을 위해 높은 벼슬을 하는 이를 만나는 것이 이로우리라. (건지대유乾之大有, 火天大有·14번)

상구는 항룡이니 유회리라.
上九는 亢龍이니 有悔리라.

능력에 비춰 너무 높이 올라간 용과 같다. 멈추지 않으면 후회가 있으리라. (건지쾌乾之夬, 澤天夬·43번)

용구는 견군룡하니 무수라 길하리라.
用九는 見群龍하니 无首라 吉하리라.

하늘로 올라간 용들을 보니 머리가 구름에 가려 안 보인다. 높이 올라간 용처럼 뜻을 얻을 수 있으니 길하리라. (건지곤乾之坤, 重地坤 2번)

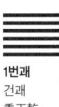

1번괘
건괘
重天乾

곤괘坤卦 중지곤重地坤 2번괘

땅을 통하여 무왕이 상나라를 정복한 전쟁의 길흉을 설명했다.

世	▬ ▬ 上六	龍戰	酉·孫
	▬ ▬ 六五	黃裳	亥·財
身	▬ ▬ 六四	括囊	丑·比
應	▬ ▬ 六三	含章	卯·官
	▬ ▬ 六二	不習	巳·印
命	▬ ▬ 初六	履霜	未·比

〈상세해설은 주역통 56page〉

곤은 원형하리니 이빈마지정이로다. 군자는 유유왕이라 선하면 미하고 후하면 득주이리라 이서남이니 득붕하고 동북은 상붕이니라. 안정은 길하도다.

坤은 元亨하리니 利牝馬之貞이로다. 君子는 有攸往이라 先하면 迷하고 後하면 得主이리라 利西南이니 得朋하고 東北은 喪朋이니라. 安貞은 吉하도다.

큰 제사를 지낼 만하다. 전쟁에 타고 갈 암말에 대한 점은 이로우리라. 군자가 갈 곳이 있듯 무왕이 진격할 곳이 있다. 갈 곳에 급히 가면 길을 잃게 되나, 천천히 가면 나그네가 주인을 만나는 것과 같이 의지할 사람을 만나리라. 서남쪽은 친구를 얻고 동북쪽은 친구를 잃으니, 가는 방향은 서남쪽이 이로우리라. 앞으로 편안함과 안전에는 길하리라.

2번괘
곤괘
重地坤

초육은 이상하니 견빙지니라.

初六은 履霜하니 堅氷至니라.

서리를 밟으니 얼음이 언다. 작은 일이 점차 커지게 된다. (곤지복坤之復, 地雷復·24번)

육이는 직방을 대불습하여도 무불리하니라.
六二는 直方을 大不習하여도 无不利하니라.

배를 조정하는 방법을 익히지 않아도 문제가 없다. 이롭지 않음이 없으리라. (곤지사坤之師, 地水師·7번)

육삼은 함장이니 가정이로다. 혹종왕사하나 무성유종이니라.
六三은 含章이니 可貞이로다. 或從王事하나 无成有終이니라.

무왕이 상나라를 쳐서 이길 수 있으리라. 무사가 무왕의 전쟁에 나가면 공을 세우지는 못하지만 좋은 결과는 있으리라. (곤지겸坤之謙, 地山謙·15번)

육사는 괄낭하니 무구무예리라.
六四는 括囊하니 无咎无譽리라.

주머니 입구를 묶었다. 들어갈 것도 나갈 것도 없으니 허물도 명예도 없으리라. (곤지예坤之豫, 雷地豫·16번)

육오는 황상이니 원길이리라.

六五는 黃裳이니 元吉이리라.

귀한 신분이 되어 황색 치마를 입었다. 크게 길하리라. (곤지비坤之比, 水地比·8번)

상육은 용전우야니 기혈이 현황이니라.

上六은 龍戰于野니 其血이 玄黃이니라.

용들이 들에서 격렬하게 싸우며 피를 줄줄 흘린다. (곤지박坤之剝, 山地剝·23번)

2번괘
곤괘
重地坤

용육은 이영정하니라.

用六은 利永貞하니라.

앞으로 오랜 기간 이로우리라. (곤지건坤之乾, 重天乾·1번)

-- 八·少陰

준괘屯卦 <small>수뢰준水雷屯 3번괘</small>

청혼 등을 통하여 모여 있는 것과 어려움에 대한 길흉을 설명했다.

命	▬ ▬ 上六	泣血	子·比
應	▬▬▬ 九五	屯膏	戌·官
	▬ ▬ 六四	乘馬	申·印
身	▬ ▬ 六三	卽鹿	辰·官(午·財)
世	▬ ▬ 六二	婚媾	寅·孫
	▬▬▬ 初九	磐桓	子·比

〈상세해설은 주역통 68page〉

준은 원형하리니 이정이로다. 물용유유왕하고 이건후하느니라.

屯은 元亨하리니 利貞이로다. 勿用有攸往하고 利建侯하느니라.

큰 제사를 지낼 만하다. 앞으로의 일은 이로우리라. 갈 곳이 있어도 가지 말라. 제후를 세우는 것이 이로우리라.

초구는 반환이니 이거정이요 이건후하느니라.

初九는 磐桓이니 利居貞이요 利建侯하느니라.

집 주변의 담을 단단한 돌로 쌓았으니 거처와 머무름에 대한 점은 이로우리라. 또한 자신을 지켜 주고 대신할 제후를 세우는 것도 이로우리라. (준지비屯之比, 水地比·8번)

3번괘
준괘
水雷屯

육이는 준여전여하고 승마반여이니 비구이고 혼구니라. 여자정은 부자이니 십년내자로다.

六二는 屯如邅如하고 乘馬班如이니 匪寇이고 婚媾니라. 女子貞은 不字이니 十年乃字로다.

집 앞에 많은 사람들이 말을 탄 채로 빙빙 돌고 있다. 이 사람들은 도적의 무리가 아니고 청혼하러 온 사람들이다. 여자가 청혼을 받아들이지 않고 있다. 청혼에 대한 허락은 10년이 돼서야 가능하리라. (준지절屯之節, 水澤節·60번)

━ 七·少陽

육삼은 즉록무우인데 유입우림중이니 군자가 기하나 불여사라. 왕하면 린하리라.

六三은 卽鹿无虞인데 惟入于林中이니 君子가 幾하나 不如舍라. 往하면 吝하리라.

몰이꾼이 없는데 잡으려는 사슴이 숲으로 들어갔다. 잡기 어려우니 포기하는 좋다. 계속 따라가면 어려워지리라. (준지기제屯之旣濟, 水火旣濟 · 63번)

육사는 승마반여니 구혼구니라. 왕하면 길하고 무불리하니라.

六四는 乘馬班如니 求婚媾니라. 往하면 吉하고 无不利하니라.

말을 타고 가서 집 앞을 빙빙 돌며 청혼을 한다. 아주 이로우니 행동하면 길하리라. (준지수屯之隨, 澤雷隨 · 17번)

구오는 준기고니 소이면 정은 길하고 대이면 정은 흉하리라.

九五는 屯其膏니 小이면 貞은 吉하고 大이면 貞은 凶하리라.

살찐 고기를 쌓아 두고 베풀지 않는다. 작은 일만 길하며, 큰 일은 인색하니 흉하리라. (준지복屯之復, 地雷復 · 24번)

상육은 승마반여하고 읍혈연여로다.
上六은 乘馬班如하고 泣血漣如로다.

말을 타고 빙빙 돌며 청혼을 하고 있다. 피눈물을 줄줄 흘리며 슬프게 운다. 청혼에 성공하지 못한 것이니 흉하다. (준지익屯之益, 風雷益·42번)

3번괘
준괘
水雷屯

몽괘蒙卦 산수몽山水蒙 4번괘

점치는 것을 통하여 몽매함으로 인한 길흉을 설명했다.

```
       ▅▅▅ 上九    擊蒙    寅·印
身   ▅▅ ▅▅ 六五    童蒙    子·官
世   ▅▅ ▅▅ 六四    困蒙    戌·孫(酉·財)
     ▅▅ ▅▅ 六三    勿取    午·比
命     ▅▅▅ 九二    包蒙    辰·孫
應   ▅▅ ▅▅ 初六    發蒙    寅·印
```

〈상세해설은 주역통 82page〉

몽은 형하니라. 비아구동몽이고 동몽구아니라. 초서이면 고하고 재삼이면 독이라. 독즉불고하니라. 이정이로다.

蒙은 亨하니라. 匪我求童蒙이고 童蒙求我니라. 初筮이면 告하고 再三이면 瀆이라. 瀆則不告하니라. 利貞이로다.

제사를 지낼 만하다. 점치는 내가 어리고 몽매한 자에게 점괘를 구하는 것이 아니고, 그가 내게 점괘를 구하는 것이다. 처음 점괘의 결과는 그에게 말해준다. 점괘를 믿지 못하고 세 번을 재차 묻는다면 이는 점치는 나를 모욕하는 것이므로 점괘를 알려 주지 않는다. 몽괘가 나오면 앞으로의 일은 이로우리라.

4번괘
몽괘
山水蒙

초육은 발몽에 이용형인하고 용탈질곡이면 이왕은 린하리라.

初六은 發蒙에 利用刑人하고 用說桎梏이면 以往은 吝하리라.

몽매한 자를 밝게 깨우치는 것에 형벌을 쓰는 것이 이롭다. 형벌을 쓰지 않고 죄인을 다룰 때 쓰는 질곡을 풀어 주게 되면 어려워 지리라. (몽지손蒙之損, 山澤損·41번)

-- 八·少陰 23

구이는 포몽하면 길하고 납부하면 길하리니 자는 극가하나라.
九二는 包蒙하면 吉하고 納婦하면 吉하리니 子는 克家하나라.

몽매함을 포용하여 보호하니 길하리라. 며느리를 맞으면 길하다. 아들이 가정을 이룬다. (몽지박蒙之剝, 山地剝·23번)

육삼은 물용취녀하라. 견금부하면 불유(궁)이니 무유리하리라.
六三은 勿用取女하라. 見金夫하면 不有(躬)이니 无攸利하리라.

그 여자와 장가들지 말라. 여자가 재물만 밝히니 경박하다. 장가들면 이로울 게 없으리라. (몽지고蒙之蠱, 山風蠱·18번)

육사는 곤몽이니 인하리라.
六四는 困蒙이니 吝하리라.

고통스럽고 몽매하다. 어려우리라. (몽지미제蒙之未濟, 火水未濟·64번)

육오는 동몽이니 길하리라.

六五는 童蒙이니 吉하리라.

어리고 몽매한 자가 유순하고 공손하니 길하리라. (몽지환蒙之渙, 風水渙·59번)

상구는 격몽이니 불리위구요 이어구리라.

上九는 擊蒙이니 不利爲寇요 利禦寇리라.

몽매한 자를 쳐 깨우치게 하는 것이다. 몽매한 자를 깨우치게 할 때 도적이 되어 사납게 다루지 말라. 몽매한 자를 도적으로부터 막고 보호하는 것이 이로우리라. (몽지사蒙之師, 地水師·7번)

4번괘
몽괘
山水蒙

수괘需卦 _{수천수水天需 5번째}

여행자의 거처를 통하여 기다리고 머무르는 것에 대한 길흉을 설명했다.

命	▬▬ 上六	入穴	子·財
	▬▬▬ 九五	需酒	戌·比
世	▬▬ 六四	需血	申·孫
身	▬▬▬ 九三	需泥	辰·比
	▬▬▬ 九二	需沙	寅·官(巳·印)
應	▬▬▬ 初九	需郊	子·財

〈상세해설은 주역통 92page〉

수는 유부니 광하고 형하리니 정은 길하니 이섭대천하나라.

需는 有孚니 光하고 亨하리니 貞은 吉하니 利涉大川하나라.

여행 중에 얻는 것이 있어 좋고, 먹고 마시니 길하리라. 강을 건너듯 갈 곳이 있으면 이로우리라.

초구는 수우교라 이용항이면 무구리라.

初九는 需于郊라 利用恒이면 无咎리라.

읍의 바깥 넓은 들에서 머물러 있다. 마음을 한결같이 하는 것이 이롭고, 허물이 없으리라. (수지정需之井, 水風井·48번)

5번괘
수괘
水天需

구이는 수우사라 소유언이나 종길하리라.

九二는 需于沙라 小有言이나 終吉하리라.

위험하고 걷기도 힘든 강가의 모래에서 머무른다. 약간의 문제가 있으나 끝은 길하리라. (수지기제需之旣濟, 水火旣濟·63번)

-- 六·老陰·動爻

구삼은 수우니이니 치구지리라.
九三은 需于泥이니 致寇至리라.

빠져나오기 힘든 진흙 뻘에서 머무른다. 힘든 상황으로 스스로 도적을 불러들인 격이나, 삼가는 자세를 가지면 패하지는 않는다. (수지절需之節, 水澤節·60번)

육사는 수우혈이니 출자혈이로다.
六四는 需于血이니 出自穴이로다.

바닥에 피가 있는 고통스러운 곳에서 머문다. 빠져나오니 문제가 없다. (수지쾌需之夬, 澤天夬·43번)

구오는 수우주식이니 정은 길하도다.
九五는 需于酒食이니 貞은 吉하도다.

술과 음식이 있는 곳에서 머무르니 길하리라. (수지태需之泰, 地天泰·11번)

상육은 입우혈하니 유불속지객삼인래라 경지면 종길하리라.

上六은 入于穴하니 有不速之客三人來라 敬之면 終吉하리라.

거처하는 동굴에 들어가니 초대하지 않은 손님 세 사람이 와 있다. 그들을 경계하면 끝은 길하리라. (수지소축需之小畜, 風天小畜·9번)

5번괘
수괘
水天需

송괘訟卦   천수송天水訟 6번괘

송사에 대한 길흉을 설명했다.

	——— 上九	繫帶	戌·孫
	——— 九五	訟吉	申·財
世·命	——— 九四	復命	午·比
	— — 六三	舊德	午·比(亥·官)
	——— 九二	歸通	辰·孫
應·身	— — 初六	有言	寅·印

〈상세해설은 주역통 102page〉

송은 유부나 질척하면 중길하고 종흉하리라. 이견대인이며 불리섭대천하니라.

訟은 有孚나 窒惕하면 中吉하고 終凶하리라. 利見大人이며 不利涉大川하니라.

송사로 얻는 것을 두려워하고 경계하여야 한다. 송사의 중간은 길하나 끝은 흉하리라. 송사를 위해 대인을 만나는 것이 이롭고, 큰 내를 건너는 것이 이롭지 않은 것처럼 송사를 하는 것도 이로울 게 없으리라.

초육은 불(출어)사로 소유언이나 종길하리라.

初六은 不(出御)事로 小有言이나 終吉하리라.

6번괘
송괘
天水訟

관리가 일을 제대로 처리하지 않아 송사가 중지되었다. 이로 인해 약간의 문제는 있겠으나, 끝은 길하리라. (송지리訟之履, 天澤履·10번)

구이는 불극송하여 귀이포하니 기읍인(정사)호가 무생하리라.

九二는 不克訟하여 歸而逋하니 其邑人(晶四)戶가 无眚하리라.

고을사람들을 상대로 한 송사에 패하자 집으로 돌아와 도망을 간다. 고을에서 도망을 갔으니 고을의 서넛 집은 재앙이 없으리라. (송지비訟之否, 天地否·12번)

― 七·少陽

육삼은 식구덕하니 정은 려하나 종길하리라. 혹종왕사이면 무성이리라.

六三은 食舊德하니 貞은 勵하나 終吉하리라. 或從王事이면 无成이리라.

예전의 덕행을 간직하여 유지한다. 지금은 위태로우나 끝은 길하리라. 그러나 변화를 갖고 새롭게 왕의 일에 종사하면 이룸이 없으리라. (송지구訟之姤, 天風姤·44번)

구사는 불극송후 복즉명하니 (유)라. 안정은 길하도다.

九四는 不克訟後 復卽命하니 (愈)라. 安貞은 吉하도다.

송사에 패한 후, 윗사람이나 왕에게 돌아가 명을 따르니 더 나은 상태가 되리라. 안부는 길하리라. (송지환訟之渙, 風水渙·59번)

구오는 송은 원길하리라.

九五는 訟은 元吉하리라.

송사에 대한 일은 크게 길하리라. (송지미제訟之未濟, 火水未濟·64번)

상구는 혹석지반대하고 종조삼치지니라.
上九는 或錫之鞶帶하고 終朝三褫니라.

왕이 예복에 두르는 가죽으로 만든 큰 띠를 내려 벼슬을 준다. 그러나 왕은 내려준 벼슬을 하루에 세 번 빼앗아 가리라. (송지곤訟之困, 澤水困·47번)

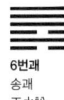

6번괘
송괘
天水訟

사괘師卦 지수사地水師 7번괘

군대를 통하여 전쟁의 길흉을 설명했다.

應	▬▬ 上六	有命	酉·印
	▬▬ 六五	執言	亥·比
命	▬▬ 六四	左次	丑·官
世	▬▬ 六三	輿尸	午·財
	━━ 九二	在師	辰·官
身	▬▬ 初六	師出	寅·孫

〈상세해설은 주역통 110page〉

사는 정하면 장인은 길하고 무구리라.
師는 貞하면 丈人은 吉하고 无咎리라.

군대의 지휘관은 길하고 허물이 없으리라.

초육은 사출이율이니 부장이면 흉하리라.
初六은 師出以律이니 否臧이면 凶하리라.

군대에서 출병을 하는 것은 군율에 따라야 한다. 군율을 따르지 않으면 흉하리라. (사지림師之臨, 地澤臨·19번)

7번괘
사괘
地水師

구이는 재사중이면 길하고 무구하며 왕삼석명하리라.
九二는 在師中이면 吉하고 无咎하며 王三錫命하리라.

군대에 그대로 있으면서 자신의 본분을 다하면 길하고 허물이 없다. 왕의 격려와 포상이 있게 되리라. (사지곤師之坤, 重地坤 2번)

육삼은 사혹여시니 흉하리라.

六三은 師或輿尸니 凶하리라.

시체를 수레에 싣고 오니 전쟁에 진 것이다. 흉하리라. (사지승師之升, 地風升·46번)

육사는 사좌차하니 무구리라.

六四는 師左次하니 无咎리라.

진지를 만들면서 장수의 막사를 왼쪽에 배치했다. 이는 병례에 의거하여 마땅한 위치를 잡은 것이니 허물이 없으리라. (사지해師之解, 雷水解·40번)

육오는 전유금하듯 이집언하면 무구리라. 장자는 솔사하고 제자는 여시이니 정은 흉하도다.

六五는 田有禽하듯 利執言하면 无咎리라. 長子는 帥師하고 弟子는 輿尸이니 貞은 凶하도다.

새와 짐승을 사냥하듯 죄인을 잡아 심문하는 것이 이롭고 허물이 없으리라. 전쟁에서 큰아들은 장수로서 부대를 통솔하고, 둘째 아들은 죽은 병사의 시체를 수레에 실으니 결과적으로 전쟁에 진 것이다. 흉하리라. (사지감師之坎, 重水坎·29번)

상육은 대군이 유명하니 개국승가하나 소인은 물용이니라.

上六은 大君이 有命하니 開國承家하나 小人은 勿用이니라.

전쟁을 치른 후에 왕이 논공행상의 명을 내린다. 대인 중 공이 많은 자는 제후의 지위를 내려 나라를 다스리게 하고, 공이 작은 자는 벼슬을 내려 한 고을을 다스리게 한다. 그러나 병졸들은 받는 게 없으리라. (사지몽師之蒙, 山水蒙·4번)

7번괘
사괘
地水師

-- 八·少陰

비괘比卦 _{수지비水地比 8번괘}

돕고 보좌하는 것을 통하여 왕을 보필하는 것의 길흉을 설명했다.

應	▬▬ ▬▬	上六	无首	子·財
	▬▬▬▬	九五	顯比	戌·比
身	▬▬ ▬▬	六四	外比	申·孫
世	▬▬ ▬▬	六三	非人	卯·官
	▬▬ ▬▬	六二	比內	巳·印
命	▬▬ ▬▬	初六	有孚	未·比

〈상세해설은 주역통 120page〉

비는 길하리라. 원서는 원하고 영정은 무구하며 불령방래면 후부는 흉하도다.

比는 吉하리라. 原筮는 元하고 永貞은 无咎하며 不寧方來면 後夫는 凶하도다.

길하리라. 비괘에 대한 원래의 점에는 큰 제사를 지낼 만하고 오랜 기간의 점은 길하여 허물이 없다고 하였다. 또 복종하지 않는 나라에서 조정에 오는데 늦게 온 사람은 왕명을 거역하는 자이니 형벌을 당해 흉하다고 하였다.

초육은 유부니 비지무구라. 유부가 영부하며 종래 유타하나 길하리라.

初六은 有孚니 比之无咎라. 有孚가 盈缶하며 終來 有他하나 吉하리라.

8번괘
비괘
水地比

전쟁에서 포로를 잡고 노획물도 있으니 왕을 보좌하는 데 허물이 없다. 노획한 물건들이 항아리에 가득하다. 끝에 우환이 있기 하나 길하리라. (비지준比之屯, 水雷屯·3번)

육이는 비지자내니 길하리라.

六二는 比之自內니 吉하리라.

왕을 보좌함에 있어서 신하로서 조정의 내부에서 돕는다. 길하리라. (비지감比之坎, 重水坎·29번)

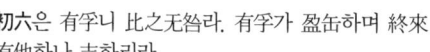

육삼은 비지(비)인이라.

六三은 比之(非)人이라.

보좌를 받는 왕이 현명하지 못하니 흉하리라. (비지건比之蹇, 水山蹇·39번)

육사는 외비지하니 정은 길하도다.

六四는 外比之하니 貞은 吉하도다.

왕을 밖에서 보좌하여 왕의 울타리가 된다. 길하리라. (비지췌比之萃, 澤地萃·45번)

구오는 현비니 왕용삼구에 실전금하나 읍인불계하니 길하리라.

九五는 顯比니 王用三驅에 失前禽하나 邑人不誡하니 吉하리라.

밝게 왕을 보좌한다. 사냥을 나간 왕이 짐승을 삼면에서 포위하였으나 앞에 있는 짐승을 놓친다. 왕이 짐승을 놓친 것에 대해 읍인에게 추궁하지 않으니, 읍인은 경계하지 않아도 된다. 왕이 밝게 판단하도록 보좌하니 길하리라. (비지곤比之坤, 重地坤 2번)

상육은 비지무수니 흉하리라.
上六은 比之无首니 凶하리라.

왕을 보좌하다가 머리가 잘리는 화를 당하니 흉하리라. (비지관比之觀, 風地觀·20번)

8번괘
비괘
水地比

소축괘小畜卦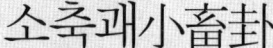

풍천소축風天小畜 9번괘

작게 농사짓는 것의 길흉을 설명했다.

		上九	旣雨	卯·比
		九五	攣如	巳·孫
應·命		六四	血去	未·財
		九三	說輻	辰·財(酉·官)
		九二	牽復	寅·比
世·身		初九	復道	子·印

〈상세해설은 주역통 128page〉

소축은 형하리니 밀운불우가 자아서교로다.
小畜은 亨하리니 密雲不雨가 自我西郊로다.

제사를 지낼 만하다. 서쪽 벌판으로부터 짙은 구름이 밀려오나 아직은 비가 오지 않는다. 곧 비가 올 조짐이니 앞으로는 좋으리라.

초구는 복자도이니 하기구리오? 길하리라.
初九는 復自道이니 何其咎리오? 吉하리라.

농사를 짓기 위해 길을 갔다 되돌아온다. 어찌 허물이 있겠는가? 길하리라. (소축지손小畜之巽, 重風巽·57번)

9번괘
소축괘
風天小畜

구이는 견복이니 길하리라.
九二는 牽復이니 吉하리라.

농사지은 것을 수레에 싣고 고삐를 끌고 돌아온다. 길하리라. (소축지가인小畜之家人, 風火家人·37번)

구삼은 여탈복하니 부처가 반목하도다.
九三은 輿說輻하니 夫妻가 反目하도다.

수확한 농산물을 싣고 오던 수레의 바퀴가 빠졌다. 부부가 서로를 탓하며 원망한다. (소축지중부小畜之中孚, 風澤中孚·61번)

육사는 유부하니 혈거이고 척출하면 무구리라.
六四는 有孚하니 血去이고 惕出하면 无咎리라.

농산물을 훔친 도적을 잡았다. 근심은 사라졌으나 앞으로 경계해야 허물이 없으리라. (소축지건小畜之乾, 重天乾·1번)

구오는 유부하여 련여하니 부이기린이니라.
九五는 有孚하여 攣如하니 富以其隣이니라.

도적을 잡아 단단히 묶었으니 이웃과 더불어 복이 있다. (소축지대축小畜之大畜, 山天大畜·26번)

상구는 기우기처니 상덕재라. 부정은 려하도다.
월기망이면 군자의 정은 흉하도다.
上九는 旣雨旣處니 尙德載라. 婦貞은 厲하도다.
月幾望이면 君子의 征은 凶하도다.

비가 멈췄으니 곡식을 수레에 실을 수 있다. 수레의 곡식을 뺏길 염려가 있어 부인에 대한 점은 위태로우리라. 군자가 보름이 지나 정벌을 나가는 것은 흉하리라. (소축지수小畜之需, 水天需·5번)

9번괘
소축괘
風天小畜

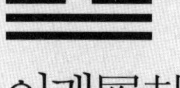

이괘履卦 천택리天澤履 10번괘

호랑이 꼬리를 밟아 나가는 것을 통하여 무인이 상대를 정벌하는 길흉을 설명했다.

命	▬▬ 上九	視履	戌·比
世	▬▬ 九五	夬履	申·孫(子·財)
	▬▬ 九四	履尾	午·印
身	▬ ▬ 六三	能視	丑·比
應	▬▬ 九二	坦坦	卯·官
	▬▬ 初九	素履	巳·印

〈상세해설은 주역통 138page〉

(이)는 이호미라도 부질인하니 형하니라.
(履)는 履虎尾라도 不咥人하니 亨하니라.

호랑이 꼬리를 밟듯 사나운 상대를 건드렸으나, 나를 물지 않으니 해가 없다. 본 괘를 얻는 경우 제사를 지낼 만하다.

초구는 소리로 왕하니 무구리라.
初九는 素履로 往하니 无咎리라.

흰색 신발을 신듯 소박하고 꾸미지 않는다. 신중과 정성을 더해 나아가는 것은 허물이 없으리라. (이지송履之訟, 天水訟·6번)

10번괘
이괘
天澤履

구이는 이도가 탄탄하니 유인의 정은 길하도다.
九二는 履道가 坦坦하니 幽人의 貞은 吉하도다.

앞으로 밟고 가는 길이 평탄하다. 갇혀 있는 사람이 자유를 얻은 후 밟고 나가는 길이 좋다. 길하리라. (이지무망履之无妄, 天雷无妄·25번)

— 七·少陽

육삼은 묘능시하고 파능리라. 이호미로 질인하니 흉하리라. 무인이 위우대군이로다.
六三은 眇能視하고 跛能履라. 履虎尾로 咥人하니 凶하리라. 武人이 爲于大君이로다.

애꾸눈이 보려 하고 절름발이가 걸으려 하는 것처럼 능력이 없는 자가 행동하는 것이다. 호랑이 꼬리를 밟듯 사나운 사람을 만나 상처를 당하니 흉하리라. 부족한 일개 무인이 대군인 왕의 자리에 있는 것과 같다. (이지건履之乾, 重天乾·1번)

구사는 이호미라. 색색이면 종길하리라.
九四는 履虎尾라. 愬愬이면 終吉하리라.

호랑이 꼬리를 밟듯 사나운 사람을 만났다. 놀라고 두려웠으나 조심하는 마음을 가지니 전화위복이 되어 길하리라. (이지중부履之中孚, 風澤中孚·61번)

구오는 쾌리하니 정은 려하도다.
九五는 夬履하니 貞은 厲하도다.

떨어지고 구멍난 신발을 신고 가니 발을 다칠 수 있다. 앞으로 위태하리라. (이지규履之睽, 火澤睽·38번)

상구는 시리고상하고 기선하니 원길하리라.
上九는 視履考祥하고 其旋하니 元吉하리라.

주의하여 보면서 밟고 나가, 노인을 돌보는 곳을 방문했다가 돌아온다. 크게 길하리라. (이지태履之兌, 重澤兌·58번)

10번괘
이괘
天澤履

태괘泰卦 지천태地天泰 11번괘

상나라의 제을이 딸을 시집보내는 일의 길흉을 설명했다.

應	▬ ▬	上六	城復	酉·孫
身	▬ ▬	六五	歸妹	亥·財
	▬ ▬	六四	翩翩	丑·比
世	▬▬▬	九三	有福	辰·比
命	▬▬▬	九二	包荒	寅·官(巳·印)
	▬▬▬	初九	拔茅	子·財

〈상세해설은 주역통 148page〉

태는 소는 왕하고 대는 래하니 길하리라. 형하니라.
泰는 小는 往하고 大는 來하니 吉하리라. 亨하니라.

작은 것이 가고 큰 것이 오니 작게 잃고 크게 얻어 길하리라. 제사를 지낼 만하다.

초구는 발모여이기휘하니 정은 길하리라.
初九는 拔茅茹以其彙하니 征은 吉하리라.

띠 뿌리와 함께 그 동류를 뽑는 것과 같이 시집보내기 위해 딸과 그 동생을 뽑는다. 결혼을 위해 떠나는 것이 길하리라. (태지승泰之升, 地風升·46번)

11번괘
태괘
地天泰

구이는 포황으로 용빙하에 불하유붕망하니 득상 우중행하니라.
九二는 包荒으로 用馮河에 不遐遺朋亡하니 得尙 于中行하니라.

속이 빈 박을 허리에 차고 배 없이 강을 건넌다. 물에 빠져 죽지 않고 일행을 잃지 않았다. 길을 가는 중도에서 상을 받으리라. (태지명이泰之明夷, 地火明夷·36번)

구삼은 무평불파며 무왕불복이라. 간정은 무구하도다. 물휼기부라. 우식에 유복이니라.

九三은 无平不陂며 无往不復이라. 艱貞은 无咎하도다. 勿恤其孚라. 于食에 有福이니라.

평탄한 것은 비탈지게 마련이고 떠난 것은 돌아오는 법. 어려운 일은 허물이 없다. 빼앗긴 물건에 대해 근심하지 말라. 먹을 복이 있으리라. (태지림泰之臨, 地澤臨·19번)

육사는 편편하니 불부이기린이라. 불계이부로다.

六四는 翩翩하니 不富以其隣이라. 不戒以孚로다.

주의하지 않고 경거망동하니 이웃과 더불어 복이 없다. 경계하지 않아 물건을 빼앗긴 것이니 누구를 원망하겠는가? (태지대장泰之大壯, 雷天大壯·34번)

육오는 제을귀매이니 이지이며 원길이리라.

六五는 帝乙歸妹이니 以祉이며 元吉이리라.

상나라의 왕인 제을이 딸을 시집보낸다. 상나라 주나에게 모두 복이 있고 크게 길한 일이리라. (태지수泰之需, 水天需·5번)

상육은 성복우황이니 물용사하라. 자읍고명하니 정은 린하도다.

上六은 城復于隍이니 勿用師하라. 自邑告命하니 貞은 吝하도다.

성이 구덩이로 넘어졌으니 군사를 쓰지 말라고 도읍의 사람이 알려 온다. 앞일은 어려우리라. (태지대축泰之大畜, 山天大畜·26번)

11번괘
태괘
地天泰

비괘否卦 <small>천지비天地否 12번괘</small>

여러 상황을 통하여 막힘의 길흉을 설명했다.

應	▬▬▬ 上九	傾否	戌·印
	▬▬▬ 九五	休否	申·比
身	▬▬▬ 九四	有命	午·官
世	▬ ▬ 六三	袍羞	卯·財
	▬ ▬ 六二	袍承	巳·官
命	▬ ▬ 初六	拔茅	未·印(子·孫)

〈상세해설은 주역통 160page〉

(비)는 비지(비)인이라. 불리군자정으로 대는 왕하
고 소는 래하리라.

(否)는 否之(非)人이라. 不利君子貞으로 大는 往하
고 小는 來하리라.

막혀 있지 않을 사람이 막혀 있는 처지이니 답답하다. 벼슬이 있는
군자는 불리하다. 큰 것은 가고 작은 것이 오니 손해를 보리라.

초육은 발모여이기휘이니 정은 길하도다.
初六은 拔茅茹以其彙이니 貞은 吉하도다.

막힘을 해결하기 위해 띠 뿌리와 함께 같은 종류를 선발한다. 길하
리라. (비지무망否之无妄, 天雷无妄·25번)

12번괘
비괘
天地否

육이는 (형)에 (포)승하니 소인은 길하고 대인은 비
하리라.
六二는 (亨)에 (枹)承하니 小人은 吉하고 大人은 否
하리라.

제사를 지낼 만하다. 제사에 쓴 고기를 나누어 싼다. 소인은 많이
싸고 대인은 쌀 게 없다. 소인은 길하고 대인은 막히리라. (비지송否
之訟, 天水訟·6번)

육삼은 (형)에 (포)수하느니라.

六三은 (亨)에 (枹)羞하느니라.

제사에 올렸던 익힌 고기를 싼다. (비지둔否之遯, 天山遯·33번)

구사는 유명이니 무구리라. 주리지니라.

九四는 有命이니 无咎리라. 疇離祉니라.

위로부터 명령이 있어 이를 시행하니 허물이 없으리라. 수명도 복이 있으면 늘어나리라. (비지관否之觀, 風地觀·20번)

구오는 휴비이나 대인은 길하리라. 기망기망하니 계우포상하도다.

九五는 休否이나 大人은 吉하리라. 其亡其亡하니 繫于苞桑하도다.

막힘이 시작되나 대인은 길하리라. 망할 것을 경계하여 무성한 뽕나무에 묶어 놓듯 안전하게 조치한다. (비지진否之晉, 火地晉·35번)

상구는 (경)비니 선은 비하나 후는 희하리라.

上九는 (頃)否니 先은 否하나 後는 喜하리라.

잠깐 막힌다. 먼저는 막히나 뒤에는 기쁨이 있으리라. (비지췌否之萃, 澤地萃·45번)

12번괘
비괘
天地否

동인괘同人卦 천화동인天火同人 13번괘

전쟁을 치르기 위해 모인 사람과 군사들의 길흉을 설명했다.

```
應·身 ━━━ 上九    同郊   戌·孫
      ━━━ 九五    先號   申·財
      ━━━ 九四    乘墉   午·比
世·命 ━━━ 九三    伏戎   亥·官
      ━ ━ 六二    同宗   丑·孫
      ━━━ 初九    同門   卯·印
```

〈상세해설은 주역통 170page〉

(동인)은 동인우야로다. 형하나라. 이섭대천이며 이
군자정이로다.

(同人)은 同人于野로다. 亨하나라. 利涉大川이며 利
君子貞이로다.

군사들이 들판에 모여 군사훈련을 하고 있다. 제사를 지낼 만하다.
전쟁을 하는 것이 이롭고, 전쟁을 이끄는 사람은 이로우리라.

초구는 동인우문이니 무구리라.

初九는 同人于門이니 无咎리라.

문 앞에 모여 있는 사람들에게 전쟁에 대해 묻거나 알린다. 허물이
없으리라. (동인지둔同人之遯, 天山遯·33번)

13번괘
동인괘
天火同人

육이는 동인우종이니 인하리라.

六二는 同人于宗이니 吝하리라.

전쟁을 하기 전 사람들이 사당에 모여 제사를 지낸다. 앞으로 전쟁
의 상황은 어려우리라. (동인지건同人之乾, 重天乾·1번)

-- -- 六 · 老陰 · 動交

구삼은 복융우망하고 승기고릉하도다. 삼세간 불흥이리라.

九三은 伏戎于莽하고 升其高陵하도다. 三歲간 不興이리라.

복병을 우거진 숲에 매복시키고, 적의 동태를 살피기 위해 높은 언덕에 올라간다. 오랫동안 전쟁에 이기지 못하리라. (동인지무망同人之无妄, 天雷无妄·25번)

구사는 승기용하나 불극이니 공이 길하리라.

九四는 乘其墉하나 弗克이니 功이 吉하리라.

전쟁에서 적의 성곽을 올라갔으나 완전히 이기지는 못했다. 이길 수 있으니 계속 공격하는 것이 길하리라. (동인지가인同人之家人, 風火家人·37번)

구오는 동인이 선호도하고 이후소하리라. 대사극을 상우하도다.

九五는 同人이 先號咷하고 而後笑하리라. 大師克을 相遇하도다.

전쟁에 진 사람들이 모여 울부짖는다. 곧 전쟁에 승리한 대규모의 군대를 만나 웃는다. 전화위복이 되니 좋을 수밖에 없다. (동인지리同人之離, 重火離·30번)

상구는 동인우교니 무회리라.
上九는 同人于郊니 无悔리라.

전쟁에 승리한 후 사람들이 모여 교외에서 감사의 제사를 지낸다. 후회가 없으리라. (동인지혁同人之革, 澤火革·49번)

13번괘
동인괘
天火同人

대유괘大有卦

화천대유火天大有 14번괘

풍년을 만난 농민의 길흉을 설명했다.

應	━━ 上九	天祐	巳·官
身	━ ━ 六五	厥孚	未·印
	━━ 九四	匪彭	酉·比
世	━━ 九三	公亨	辰·印
命	━━ 九二	大車	寅·財
	━━ 初九	无害	子·孫

〈상세해설은 주역통 178page〉

대유는 원형하니라.

大有는 元亨하니라.

큰 풍년이 들었다. 큰 제사를 지낼 만하다.

초구는 무교해로 비구니 간즉무구리라.

初九는 无交害로 匪咎니 艱則无咎리라.

이웃 농민이 해가 될 줄 알았는데 서로에게 해가 되지 않는다. 농민 서로에게 허물이 없으리라. (대유지정大有之鼎, 火風鼎·50번)

14번괘
대유괘
火天大有

구이는 대거이재하니 유유왕하면 무구리라.

九二는 大車以載하니 有攸往하면 无咎리라.

풍년으로 수확한 많은 곡식을 충분히 실을 수 있는 큰 수레에 실었다. 아무 문제가 없으니 갈 곳이 있으면 허물이 없으리라. (대유지리 大有之離, 重火離·30번)

구삼은 공이 용형우천자하나 소인은 불극이라.

九三은 公이 用亨于天子하나 小人은 弗克이라.

큰 풍년이 든 해에 높은 벼슬인 공경이 천자를 위해 연회를 연다. 소인은 연회를 열지 못하니 해롭다. (대유지규大有之睽, 火澤睽·38번)

구사는 비기방하니 무구리라.
九四는 匪其彭하니 无咎리라.

절름발이와 같이 바르지 못한 사람을 제외시키니 허물이 없으리라.
(대유지대축大有之大畜, 山天大畜·26번)

육오는 궐이 부교여위여니 길하리라.
六五는 厥이 孚交如威如니 吉하리라.

벌을 집행하는 모습이 분명하고 위엄이 있으니 길하리라. (대유지건 大有之乾, 重天乾·1번)

상구는 자천우지이니 길하여 무불리하니라.
上九는 自天祐之이니 吉하여 无不利하니라.

풍년이 되도록 하늘에서 돕는다. 길하여 이롭지 않음이 없으리라.
(대유지대장大有之大壯, 雷天大壯·34번)

14번괘
대유괘
火天大有

겸괘謙卦 _{지산겸地山謙 15번괘}

군자의 겸허함에 대한 길흉을 설명했다.

身	▬ ▬ 上六	征邑	酉·比
世	▬ ▬ 六五	不富	亥·孫
	▬ ▬ 六四	撝謙	丑·印
命	▬▬▬ 九三	勞謙	申·比
應	▬ ▬ 六二	鳴謙	午·官(卯·財)
	▬▬▬ 初九	謙謙	辰·印

〈상세해설은 주역통 188page〉

겸은 형하나라. 군자는 유종이리라.

謙은 亨하나라. 君子는 有終이리라.

제사를 지낼 만하고, 벼슬이 있는 군자에게는 끝이 있으리라.

초육은 겸겸하니 군자는 용섭대천하면 길하리라.

初六은 謙謙하니 君子는 用涉大川하면 吉하리라.

겸손하고 겸손하다. 군자가 강을 건너면 이롭고 길하리라. (겸지명이 謙之明夷, 地火明夷·36번)

15번괘
겸괘
地山謙

육이는 명겸이니 정은 길하도다.

六二는 鳴謙이니 貞은 吉하도다.

명성이 있음에도 겸손하다. 길하리라. (겸지승謙之升, 地風升·46번)

구삼은 노겸으로 군자는 유종이니 길하리라.

九三은 勞謙으로 君子는 有終이니 吉하리라.

공로가 있으나 겸손하다. 군자에게 끝이 있으니 길하리라. (겸지곤 謙之坤, 重地坤 2번)

육사는 무불리로 휘겸하도다.
六四는 无不利로 撝謙하도다.

이롭지 않음이 없으니 위아래 사이에 화합하면서 겸손하다. (겸지소과謙之小過, 雷山小過·62번)

육오는 불부이기린이니 이용침벌이며 무불리하니라.
六五는 不富以其隣이니 利用侵伐이며 无不利하니라.

적의 침입으로 인해 재난을 당하니 이웃과 더불어 복이 없다. 적을 치는 것이 이로우며, 이롭지 않은 것이 없으리라. (겸지간謙之蹇, 水山蹇·39번)

상육은 명겸이니 이용행사하여 정읍국이니라.
上六은 鳴謙이니 利用行師하여 征邑國이니라.

명성이 있음에도 겸손하다. 군대를 동원해 나라를 정벌하는 것이 이로우리라. (겸지간謙之艮, 重山艮 52번)

15번괘
겸괘
地山謙

예괘豫卦
뇌지예雷地豫 16번괘

한 제후가 즐기는 것에 대한 길흉을 설명했다.

	■ ■ 上六	冥豫	戌·財
命	■ ■ 六五	貞疾	申·官
應	━━ 九四	猷豫	午·孫
	■ ■ 六三	盱豫	卯·比
身	■ ■ 六二	介石	巳·孫
世	■ ■ 初六	鳴豫	未·財(子·印)

〈상세해설은 주역통 196page〉

예는 이건후행사니라.

豫는 利建侯行師니라.

방탕하게 즐기는 제후를 처리하고 새로운 제후를 세우기 위해 출병하는 것이 이로우리라.

초육은 명예니 흉하리라.

初六은 鳴豫니 凶하리라.

제후가 방탕하게 즐기는 것이 소문이 났으니 흉하리라. (예지진豫之震, 重雷震 51번)

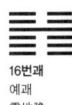

16번괘
예괘
雷地豫

육이는 개우석도 부종일이니 정은 길하도다.

六二는 介于石도 不終日이니 貞은 吉하도다.

돌의 단단함도 오래가지 않으니 방탕한 제후의 즐거움도 곧 끝난다. 길하리라. (예지해豫之解, 雷水解·40번)

육삼은 우예니 회하고 지(우)회하리라.

六三은 旴豫니 悔하고 遲(又)悔하리라.

방탕한 제후가 편애하며 즐긴다. 후회하고 오랫동안 또 후회하리라.
(예지소과豫之小過, 雷山小過·62번)

-- 八·少陰

구사는 (유)예하니 대유득이라. 물의붕합(참)하라.
九四는 (猶)豫하니 大有得이라. 勿疑朋盍(簪)하라.

바르게 즐기며, 크게 얻으리라. 벗이 말이 많은 것을 보고 나를 헐뜯는 말이라고 의심하지 말라. (예지곤豫之坤, 重地坤 2번)

육오의 정질은 항불사로다.
六五의 貞疾은 恒不死로다.

오랜 병 때문에 죽지는 않으리라. (예지췌豫之萃, 澤地萃·45번)

상육은 (고)예로 성유(유)이나 무구리라.
上六은 (昊)豫로 成有(愈)이나 无咎리라.

방탕한 제후가 낮이 밝도록 즐기니 이룬 것이 무너질 수 있다. 허물은 없으리라. (예지진豫之晉, 火地晉·35번)

16번괘
예괘
雷地豫

─── 九 · 老陽 · 動爻

수괘隨卦 택뢰수澤雷水 17번괘

적을 쫓아가 잡는 것의 길흉을 설명했다.

應	▬ ▬ 上六	拘係	未·財
身	▬▬▬ 九五	孚嘉	酉·官
	▬▬▬ 九四	隨獲	亥·印(午·孫)
世	▬ ▬ 六三	係丈	辰·財
命	▬ ▬ 六二	係小	寅·比
	▬▬▬ 初九	官愈	子·印

〈상세해설은 주역통 204page〉

수는 원형하니라. 이정이며 무구리라.

隨는 元亨하니라. 利貞이며 无咎리라.

큰 제사를 지낼 만하고, 이로우며 허물이 없으리라.

초구는 관에게 유(유)하나 정은 길하도다. 출문교면 유공하리라.

初九는 官에게 有(愈)하나 貞은 吉하도다. 出門交면 有功하리라.

관리에게 근심이 있을 수 있으나 길하리라. 밖으로 나가면 포로를 잡을 수 있으니 모두에게 공이 있으리라. (수지췌隨之萃, 澤地萃·45번)

17번괘
수괘
澤雷水

육이는 계소자하고 실장부하도다.

六二는 係小子하고 失丈夫하도다.

낮은 계급의 적은 잡아 묶었으나 높은 계급의 포로는 놓쳤다. 소탐대실이니 좋지 않다. (수지태隨之兌, 重澤兌·58번)

- - 六·老陰·動爻

육삼은 계장부하고 실소자하였으나 수유면 구득하리라. 이거정하니라.

六三은 係丈夫하고 失小子하였으나 隨有면 求得하리라. 利居貞하니라.

높은 계급의 포로를 잡았으나 낮은 계급의 포로는 놓쳤다. 쫓아가면 포로를 잡을 수 있으리라. 거주에는 이로우리라. (수지혁隨之革, 澤火革·49번)

구사는 수유획하니 정은 (공)이 있도다. 유부재도하여 (이)명하니 하구리오?

九四는 隨有獲하니 貞은 (工)이 있도다. 有孚在道하여 (已)明하니 何咎리오?

포로 한 명을 쫓아가 잡는 공이 있으리라. 길에서 포로를 잡았고, 가례를 준비하니 무슨 허물이 있겠는가? (수지준隨之屯, 水雷屯·3번)

구오는 부우가니 길하리라.

九五는 孚于嘉니 吉하리라.

경사스런 가례에 잡은 포로와 노획품이 있으니 길하리라. (수지진隨之震, 重雷震 51번)

상육은 구계지요 내종유지라. 왕이 용형우서산하도다.

上六은 拘係之요 乃從維之라. 王이 用亨于西山하도다.

문왕이 주왕에게 잡혀 있다 석방된다. 문왕이 주나라로 돌아가 서산인 기산에서 감사의 제사를 지낸다. (수지무망隨之无妄, 天雷无妄·25번)

17번괘
수괘
澤雷水

고괘蠱卦 <small>산풍고山風蠱 18번괘</small>

부모의 음란함을 바로잡는 일의 길흉을 설명했다.

應	▅▅▅ 上九	高尙	寅·比
	▅ ▅ 六五	用譽	子·印(巳·孫)
身	▅ ▅ 六四	裕父	戌·財
世	▅▅▅ 九三	小悔	酉·官
	▅▅▅ 九二	幹母	亥·印
命	▅ ▅ 初六	幹父	丑·財

〈상세해설은 주역통 214page〉

고는 원형하니라. 이섭대천이니 선갑삼일이나 후갑삼일이로다.

蠱는 元亨하니라. 利涉大川이니 先甲三日이나 後甲三日이로다.

큰 제사를 지낼 만하다. 큰 내를 건너거나 떠나는 것이 이로우며, 그 날은 후일과 丁일이 좋으리라.

초육은 간부지고니 유자면 고는 무구이며 여하나 종길하리라.

初六은 幹父之蠱니 有子면 考는 无咎이며 厲하나 終吉하리라.

아버지의 음란함을 바로잡는 자식이 있으니 아버지에게는 허물이 없다. 음란함으로 현재는 위태로운 지경이나, 자식이 그 음란함을 고쳐 주니 끝은 길하리라. (고지대축蠱之大畜, 山天大畜·26번)

구이는 간모지고니 불가정이로다.

九二는 幹母之蠱니 不可貞이로다.

자식이 어머니의 음란함을 바로잡는 것은 불가하리라. (고지간蠱之艮, 重山艮 52번)

18번괘
고괘
山風蠱

구삼은 간부지고니 소유회나 무대구리라.
九三은 幹父之蠱니 小有悔나 无大咎리라.

자식이 아버지의 음란함을 바로잡는다. 아버지가 바로잡는 자식을 꾸짖으니 조금 후회가 있으나, 꾸짖음이 별로 이어지지 않으니 큰 허물은 없으리라. (고지몽蠱之蒙, 山水蒙·4번)

육사는 유부지고니 왕은 견린하리라.
六四는 裕父之蠱니 往은 見吝하리라.

자식이 아버지의 음란함을 너그럽게 받아들인다. 이는 앞으로의 어려움을 불러들이는 것이 되리라. (고지정蠱之鼎, 火風鼎·50번)

육오는 간부지고에 용예하도다.
六五는 幹父之蠱에 用譽하도다.

아버지의 음란함을 바로잡음에 명예를 사용한다. (고지손蠱之巽, 重風巽·57번)

상구는 불사왕후니 고상기사나 (흉)하리라.
上九는 不事王侯니 高尚其事나 (兇)하리라.

왕후를 섬기지 않으니 덕은 고상하나 결국은 흉하게 되리라. (고지승蠱之升, 地風升·46번)

18번괘
고괘
山風蠱

임괘臨卦 지택림地澤臨 19번괘

왕이 백성을 다스리는 것의 길흉을 설명했다.

	▬▬ ▬▬ 上六	敦臨	酉·孫
應	▬▬ ▬▬ 六五	知臨	亥·財
身	▬▬ ▬▬ 六四	至臨	丑·比
	▬▬ ▬▬ 六三	甘臨	丑·比
世	▬▬▬▬ 九二	吉利	卯·官
命	▬▬▬▬ 初九	咸臨	巳·印

〈상세해설은 주역통 226page〉

임은 원형하니라. 이정이나 지우팔월에 유흉하리라.
臨은 元亨하니라. 利貞이나 至于八月에 有凶하리라.

큰 제사를 지낼 만하다. 앞으로 이로우나 팔월에는 흉함이 있으리라.

초구는 함림이니 정은 길하도다.
初九는 咸臨이니 貞은 吉하도다.

왕이 형벌로써 백성을 다스린다. 나라가 어지럽지 않으니 길하리라.
(임지사臨之師, 地水師·7번)

19번괘
임괘
地澤臨

구이는 함림이니 길하고 무불리하니라.
九二는 咸臨이니 吉하고 无不利하니라.

왕이 위엄으로 백성을 다스린다. 왕의 권위가 서니 길하고 이롭지 않음이 없으리라. (임지복臨之復, 地雷復·24번)

육삼은 감림이니 무유리하나 기우지면 무구리라.
六三은 甘臨이니 无攸利하나 旣憂之면 无咎리라.

왕이 백성을 재갈을 물리듯 압박으로 다스린다. 이로울 게 없으리라. 그러나 압박하는 중에도 너그러움이 있다면 허물은 없으리라.
(임지태臨之泰, 地天泰·11번)

七 · 少陽 83

육사는 지림이니 무구리라.
六四는 至臨이니 无咎리라.

왕이 백성에게 친히 내려가 다스리니 허물이 없으리라. (임지귀매臨之歸妹, 雷澤歸妹·54번)

육오의 지림은 대군지의이니 길하리라.
六五의 知臨은 大君之宜이니 吉하리라.

왕이 지혜로써 백성을 다스린다. 큰 나라 왕으로서 마땅한 방법을 쓰는 것이니 길하리라. (임지절臨之節, 水澤節·60번)

상육의 돈림은 길하고 무구리라.
上六의 敦臨은 吉하고 无咎리라.

왕이 인정과 후함으로 백성을 다스리니 길하고 허물이 없으리라. (임지손臨之損, 山澤損·41번)

19번괘
임괘
地澤臨

- - 八 · 少陰

관괘觀卦 <small>풍지관風地觀 20번괘</small>

군자가 백성과 관리를 살펴 정치를 하는 것의 길흉을 설명했다.

	━━ 上九	其生	卯·財
命	━━ 九五	我生	巳·官(申·比)
世	━ ━ 六四	觀國	未·印
	━ ━ 六三	進退	卯·財
身	━ ━ 六二	闚觀	巳·官
應	━ ━ 初六	童觀	未·印(子·孫)

〈상세해설은 주역통 234page〉

관은 관이불천이고 유부는 옹약이라.
觀은 盥而不薦이고 有孚는 顒若이라.

신에게 제사를 지내면서, 신이 오도록 땅에 술을 뿌렸으나 제물을 올리지 않았다. 제물을 올리는 것은 건장한 포로이다.

초육은 동관하니 소인은 무구하고 군자는 린하리라.
初六은 童觀하니 小人은 无咎하고 君子는 吝하리라.

아이같은 소견으로 얕게 본다. 소인에게는 허물이 없으나, 군자는 눈앞의 것만 보고 멀리 보지 않으니 어려워 지리라. (관지익觀之益, 風雷益·42번)

20번괘
관괘
風地觀

육이는 규관하니 이녀정이니라.
六二는 闚觀하니 利女貞이니라.

신랑감을 먼저 몰래 보니 여자에게는 이로우리라. (관지환觀之渙, 風水渙·59번)

육삼은 관아생하여 진퇴로다.
六三은 觀我生하여 進退로다.

나의 백성과 관리들을 살펴 백성들의 진퇴를 결정하고 관리들의 등용을 결정한다. (관지점觀之漸, 風山漸·53번)

육사는 관국지광하니 이용빈우왕하니라.
六四는 觀國之光하니 利用賓于王하니라.

왕을 알현하여 그 나라의 빛남을 보고, 왕의 손님이 되면 이로우리라. (관지비觀之否, 天地否·12번)

구오는 관아생하니 군자는 무구리라.
九五는 觀我生하니 君子는 无咎리라.

나의 백성과 관리들을 살펴 정치를 하니 군자는 허물이 없으리라. (관지박觀之剝, 山地剝·23번)

상구는 관기생하니 군자는 무구리라.
上九는 觀其生하니 君子는 无咎리라.

그 나라의 백성과 관리들을 보면 상대 나라의 상황을 알 수 있다. 상황을 알고 정치를 하니 군자는 허물이 없으리라. (관지비觀之比, 水地比·8번)

20번괘
관괘
風地觀

서합괘 噬嗑卦 화뢰서합火雷噬嗑 21번괘

음식을 입에 넣고 씹는 것을 통하여 옥사의 길흉을 설명했다.

```
              ━━━━  上九    何校    巳·孫
世·命  ━ ━   六五    噬肉    未·財
              ━━━━  九四    噬肺    酉·官
          ━ ━   六三    噬腊    辰·財
應·身  ━ ━   六二    噬膚    寅·比
              ━━━━  初九    屨校    子·印
```

〈상세해설은 주역통 242page〉

서합은 형하고 이용옥이니라.

噬嗑은 亨하고 利用獄이니라.

제사를 지낼 만하다. 옥사를 집행하는 것이 가능하리라.

초구는 구교하고 멸지이나 무구리라.

初九는 屨校하고 滅趾이나 无咎리라.

족쇄를 차고 발꿈치가 잘리는 월형을 당한다. 죽지 않고 가벼운 형벌만을 당하니 허물은 없으리라. (서합지진噬嗑之晉, 火地晉·35번)

육이는 서부하고 멸비이나 무구리라.

六二는 噬膚하고 滅鼻이나 无咎리라.

죄인이 고기를 먹은 죄로 코가 잘리는 의형을 당한다. 죽지 않고 가벼운 형벌을 당하니 허물이 없으리라. (서합지규噬嗑之睽, 火澤睽·38번)

육삼은 서석에 육우독이니 소린이나 무구리라.

六三은 噬腊에 肉遇毒이니 小吝이나 无咎리라.

마른 고기를 씹다가 독을 만난다. 마른 고기를 먹는데 해로운 독이 입안에 있는 것은 작은 어려움이나, 독을 삼키지 않았으니 허물은 없으리라. (서합지리噬嗑之離, 重火離·30번)

21번괘
서합괘
火雷噬嗑

구사는 서건자에 득금시이니 이간정으로 길하리라.
九四는 噬乾胏에 得金矢이니 利艱貞으로 吉하리라.

뼈에 붙어 있는 마른 고기를 씹다가 황동으로 된 화살촉을 얻는다. 병이 될 수 있는 화살촉을 삼키지 않았으니 어려움에 대한 일은 이롭고 길하리라. (서합지이噬嗑之頤, 山雷頤·27번)

육오는 서건육에 득황금이니 정은 려하나 무구리라.
六五는 噬乾肉에 得黃金이니 貞은 厲하나 无咎리라.

바싹 마른 고기를 씹다가 황동 조각을 얻는다. 먹으면 병이 나 죽을 수 있는 황동이 있으니 위태하다. 그러나 삼키지는 않았으니 허물이 없으리라. (서합지무망噬嗑之无妄, 天雷无妄·25번)

상구는 하교하고 멸이니 흉하리라.
上九는 何校하고 滅耳니 凶하리라.

죄인이 목에 칼을 차고 귀가 잘리는 이형을 당한다. 중한 벌을 받으니 흉하리라. (서합지진噬嗑之震, 重雷震 51번)

21번괘
서합괘
火雷噬嗑

비괘賁卦 <small>산화비山火賁 22번괘</small>

신랑 또는 신부가 꾸미는 것의 길흉을 설명했다.

	▅▅▅ 上九	白賁	寅·官
	▅ ▅ 六五	賁園	子·財
應·身	▅ ▅ 六四	賁如	戌·比
	▅▅▅ 九三	賁濡	亥·財
	▅ ▅ 六二	賁須	丑·比(午·印)
世·命	▅▅▅ 初九	賁趾	卯·官

〈상세해설은 주역통 252page〉

비는 형하고 소리유유왕하니라.

賁는 亨하고 小利有攸往하니라.

제사를 지낼 만하다. 갈 곳이 있으면 조금 이로우리라.

초구는 비기지로 사거이도하도다.

初九는 賁其趾로 舍車而徒하도다.

신랑의 신발을 보니 꽃 등으로 장식이 되어 있다. 결혼을 위해 수레에서 내려 걸어가니 좋은 모습은 아니다. (비지간賁之艮, 重山艮 52번)

22번괘
비괘
山火賁

육이는 비기수하도다.

六二는 賁其須하도다.

신행을 따라가는 아버지의 수염을 정돈한다. 이는 웃어른을 받드는 것이다. (비지대축賁之大畜, 山天大畜·26번)

구삼은 비여가 유여하니 영의 정은 길하도다.

九三은 賁如가 濡如하니 永의 貞은 吉하도다.

신행을 가는 신랑의 꾸민 모습이 편안하고 화평한 모습이다. 오랫동안 길하리라. (비지이賁之頤, 山雷頤·27번)

― 七·少陽

육사는 비여가 (번)여이며 백마는 한여라 비구이고 혼구니라.

六四는 賁如가 (蕃)如이며 白馬는 翰如라 匪寇이고 婚媾니라.

신행을 가는 신랑의 일행이 무리를 이뤘다. 흰 말들이 나는 듯 달려간다. 이는 도적이 아니라 혼인하는 것이니 허물이 없다. (비지리賁之離, 重火離·30번)

육오는 비우구원이나 속백이 전전하니 인하나 종길하리라.

六五는 賁于丘園이나 束帛이 戔戔하니 吝하나 終吉하리라.

결혼을 앞두고 신부 측에서 집의 정원을 아름답게 장식한다. 신랑 측에서 폐백으로 가져온 비단이 작아 말썽이 있다. 결국 혼례를 치르기로 하였으니 길하리라. (비지가인賁之家人, 風火家人·37번)

상구는 백비이니 무구리라.
上九는 白賁이니 无咎리라.

흰색으로 마무리하여 그린 것을 돋보이게 한다. 허물이 없으리라. (비지명이賁之明夷, 地火明夷·36번)

22번괘
비괘
山火賁

－－ 八·少陰

박괘剝卦 산지박山地剝 23번괘

소인이 군자를 위해 수레를 만들면서 일어나는 일의 길흉을 설명했다.

	▅▅▅▅ 上九	碩果	寅·財
世	▅▅ ▅▅ 六五	魚食	子·孫(申·比)
命	▅▅ ▅▅ 六四	剝膚	戌·印
	▅▅ ▅▅ 六三	剝之	卯·財
應	▅▅ ▅▅ 六二	剝辨	巳·官
身	▅▅ ▅▅ 初六	剝足	未·印

〈상세해설은 주역통 260page〉

박은 불리유유왕하니라.

剝은 不利有攸往하니라.

수레를 만들러 가는 소인에겐 이로움이 없으리라.

초육은 박상이족하도다. 멸의 정은 흉하도다.

初六은 剝牀以足하도다. 蔑의 貞은 凶하도다.

소인이 수레바퀴를 깎아 만들면서 꿈을 꿨다. 꿈의 내용으로 봐 앞으로 흉함이 있으리라. (박지이剝之頤, 山雷頤·27번)

23번째
박괘
山地剝

육이는 박상이변하도다. 멸의 정은 흉하도다.

六二는 剝牀以辨하도다. 蔑의 貞은 凶하도다.

소인이 수레의 중간판을 만들면서 꿈을 꿨다. 꿈의 내용으로 봐 앞으로 흉함이 있으리라. (박지몽剝之蒙, 山水蒙·4번)

육삼은 박지하니 무구리라.

六三은 剝之하니 无咎리라.

소인이 수레의 중간 판을 만든 후 몸체를 만든다. 허물이 없으리라.
(박지간剝之艮, 重山艮 52번)

육사는 박상이부하도다. 흉하리라.
六四는 剝牀以膚하도다. 凶하리라.

소인이 수레 좌석의 깔개를 두드려 만든다. 재앙이 가까우니 흉하리라. (박지진剝之晉, 火地晉·35번)

육오는 관어(식)하고 궁인총하니 무불리하니라.
六五는 貫魚(食)하고 宮人寵하니 无不利하니라.

소인이 수레를 만든 후, 꿴 물고기를 푸짐하게 먹고 궁인의 칭찬도 받는다. 이롭지 않음이 없으리라. (박지관剝之觀, 風地觀·20번)

상구는 석과불식후 군자는 득여하며 소인은 박(로)하도다.
上九는 碩果不食後 君子는 得輿하며 小人은 剝(蘆)하도다.

소인이 수레를 만드는 동안에 과일을 먹지 못했다. 군자는 수레를 얻었고, 소인은 냉이뿌리를 캐 먹는다. (박지곤剝之坤, 重地坤 2번)

23번괘
박괘
山地剝

━ ━ 八·少陰

복괘復卦 지뢰복地雷復 24번괘

장수가 출정하여 되돌아오는 것에 대한 길흉을 설명했다.

	▬▬ ▬▬ 上六	迷復	酉·孫
	▬▬▬▬▬ 六五	敦復	亥·財
應·命	▬▬ ▬▬ 六四	獨復	丑·比
	▬▬ ▬▬ 六三	頻復	辰·比
	▬▬ ▬▬ 六二	休復	寅·官(巳·印)
世·身	▬▬▬▬▬ 初九	不遠	子·財

〈상세해설은 주역통 268page〉

복은 형하니라. 출입에 무질이며 붕래니 무구리라.
반복기도로 칠일에 래복하니 이유유왕하니라.
復은 亨하니라. 出入에 无疾이며 朋來니 无咎리라.
反復其道로 七日에 來復하니 利有攸往하니라.

제사를 지낼 만하며, 장수가 출정한 뒤 되돌아오는 것에 해로움이 없다. 전쟁 중 원군이 오니 허물이 없고, 출정을 한 후 다시 되돌아오는 데 그 기간이 칠일 정도로 길지 않다. 그러므로 장수가 출정을 하는 것이 이로우리라.

24번괘
복괘
地雷復

초구는 불원복하니 무(제)회며 원길하리라.
初九는 不遠復하니 无(提)悔며 元吉하리라.

출정 후 멀지 않아 돌아오니 후회가 없다. 출정은 크게 길하리라.
(복지곤復之坤, 重地坤 2번)

육이는 휴복이니 길하리라.
六二는 休復이니 吉하리라.

출정 후 기뻐하며 돌아오니 길하리라. (복지림復之臨, 地澤臨·19번)

육삼은 빈복이니 여하나 무구리라.
六三은 頻復이니 厲하나 无咎리라.

출정한 장수가 근심있는 모습으로 돌아온다. 위태하나, 돌아왔으니 허물은 면하리라. (복지명이復之明夷, 地火明夷·36번)

육사는 중행에 독복하도다.
六四는 中行에 獨復하도다.

장수가 출정한 후 중도에 혼자 돌아온다. (복지진復之震, 重雷震 51번)

육오는 돈복이니 무회리라.
六五는 敦復이니 无悔리라.

돌아오라는 꾸짖음을 왕으로부터 듣고 돌아온다. 돌아왔으니 후회는 없으리라. (복지준復之屯, 水雷屯·3번)

상육은 미복이니 흉하고 유재생이라. 용행사에 종유대패하니 이기국군에 흉이라. 지우십년에 불극정하리라.

上六은 迷復이니 凶하고 有災眚이라. 用行師에 終有大敗하니 以其國君에 凶이라. 至于十年에 不克征하리라.

전쟁에 져 헤매며 돌아오기 힘드니 재앙이다. 출정을 한 장수가 결국 패하니 왕에게도 흉하다. 십년에 이르도록 정벌하지 못하리라. (복지이復之頤, 山雷頤·27번)

24번괘
복괘
地雷復

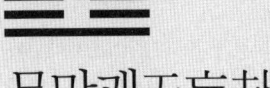

무망괘无妄卦 천뢰무망天雷无妄 25번괘

당연히 알고 있는 대로 행동함의 길흉을 설명했다.

	▅▅ 上九	有眚	戌·財
	▅▅ 九五	勿藥	申·官
世·命	▅▅ 九四	可貞	午·孫
	▅ ▅ 六三	繫牛	辰·財
	▅ ▅ 六二	不耕	寅·比
應·身	▅▅ 初九	无妄	子·印

〈상세해설은 주역통 278page〉

무망은 원형하니라. 이정이나 기비정이면 유생이요 불리유유왕하니라.

无妄은 元亨하니라. 利貞이나 其匪正이면 有眚이요 不利有攸往하니라.

큰 제사를 지낼 만하다. 이로우나 돌이키지 않으면 재앙이 있고, 가는 것이나 행하는 것은 이롭지 않으리라.

초구는 무망으로 왕하니 길하리라.

初九는 无妄으로 往하니 吉하리라.

모두 당연히 알고 있는 길로 가고 행동하니 길하리라. (무망지비无妄之否, 天地否·12번)

25번괘
무망괘
天雷无妄

육이는 불경에 (이)확하고 불치에 (이)여니 즉리유유왕하니라.

六二는 不耕에 (而)穫하고 不菑에 (而)畬니 則利有攸往하니라.

경작하지 않고 수확하려고 하고, 밭을 일구지 않고 경작지를 바란다. 농사를 짓지 않는 사람이 장사를 하거나 관리가 되기 위해 나가는 것은 이로우리라. (무망지리无妄之履, 天澤履·10번)

-- 六·老陰·動爻

육삼은 무망지재로다. 혹계지우를 행인지득하니 읍인지재로다.

六三은 无妄之災로다. 或繫之牛를 行人之得하니 邑人之災로다.

불이 난 것은 조심을 안 한 것이니 당연한 재앙이다. 고을 사람이 매어 놓은 소를 행인이 훔쳐 갔다. 소를 잃어버린 것은 고을 사람에게는 재앙이다. (무망지동인无妄之同人, 天火同人·13번)

구사는 가정이니 무구리라.

九四는 可貞이니 无咎리라.

행하는 것이 가능하고, 허물이 없으리라. (무망지익无妄之益, 風雷益·42번)

구오는 무망지질이니 물약하고 (우채)리라.

九五는 无妄之疾이니 勿藥하고 (又茱)리라.

특별한 병이 아니고 모두가 알고 있는 병이다. 약을 쓰지 않고 음식으로 치료한다. (무망지서합无妄之噬嗑, 火雷噬嗑·21번)

상구는 무망행이나 유생이니 무유리라.
上九는 无妄行이나 有眚이니 无攸利라.

당연히 알고 있는 대로 행동하는데도 불구하고 재앙이 있다. 이로움이 없으리라. (무망지수无妄之隨, 澤雷隨·17번)

25번괘
무망괘
天雷无妄

대축괘大畜卦 산천대축山天大畜 26번괘

목축의 길흉을 설명했다.

命	━━ 上九	天衢	寅·官
應	━ ━ 六五	豶豕	子·財
	━ ━ 六四	童牛	戌·比
身	━━ 九三	良馬	辰·比
世	━━ 九二	說輹	寅·官(午·印)
	━━ 初九	有厲	子·財

〈상세해설은 주역통 286page〉

대축은 이정이로다. 불가식이 길하고 이섭대천하니라.

大畜은 利貞이로다. 不家食이 吉하고 利涉大川하니라.

이로우리라. 목축을 하면서 밖에서 밥을 먹는 것이 길하고, 목축을 위해 멀리 가는 것이 이로우리라.

초구는 유려니 이이니라.

初九는 有厲니 利已니라.

위태로우니 제사를 지내는 것이 이로우리라. (대축지고大畜之蠱, 山風蠱·18번)

26번괘
대축괘
山天大畜

구이는 여탈복이로다.

九二는 輿說輹이로다.

수레의 바퀴가 빠져나갔다. 움직일 수 없고 목축도 할 수 없으니 흉하다. (대축지비大畜之賁, 山火賁·22번)

― 七·少陽

구삼은 양마를 축하니 이간정이고 왈한여위하니 이유유왕하니라.

九三은 良馬를 逐하니 利艱貞이고 日閑輿衛하니 利有攸往하니라.

좋은 말로 쫓아가 잡을 수 있으니 이롭다. 무리에서 이탈할 수 있는 말들을 수레를 타고 지킨다. 말들을 다 찾았으니 다른 곳에 가서 말을 기르는 것이 이로우리라. (대축지손大畜之損, 山澤損·41번)

육사는 동우지곡하니 원길하리라.

六四는 童牛之牿하니 元吉하리라.

송아지 뿔에 나무를 덧댄다. 송아지가 날뛰어도 뿔에 부서지는 것이 없고 사람도 보호할 수 있으니 크게 길하리라. (대축지대유大畜之大有, 火天大有·14번)

육오는 분시지아니 길하리라.

六五는 豶豕之牙니 吉하리라.

거세한 돼지를 우리에 가뒀다. 돼지가 고통에 날뛰거나 상처를 다른 곳에 비벼 죽지 않으니 길하리라. (대축지소축大畜之小畜, 風天小畜·9번)

상구는 하천지구니 형하니라.

上九는 何天之衢니 亨하니라.

하늘의 복을 받아 모든 일이 잘 풀린다. 제사를 지낼 만하다. (대축지태大畜之泰, 地天泰·11번)

26번괘
대축괘
山天大畜

이괘頤卦

산뢰이山雷頤 27번괘

턱의 모습을 통하여 먹는 것을 구하는 길흉을 설명했다.

	━━━ 上九	由頤	寅·比
身	━ ━ 六五	拂經	子·印(巳·孫)
世	━ ━ 六四	虎視	戌·財
	━ ━ 六三	拂頤	辰·財(酉·官)
命	━ ━ 六二	顚頤	寅·比
應	━━━ 初九	舍爾	子·印

〈상세해설은 주역통 294page〉

이는 정이 길하도다. 관이하고 자구구실하느니라.
頤는 貞이 吉하도다. 觀頤하고 自求口實하느니라.

길하리라. 남이 먹는 턱을 보고 내 먹는 것을 구해야 하느니라.

초구는 사이영귀하고 관아타이하니 흉하리라.
初九는 舍爾靈龜하고 觀我朶頤하니 凶하리라.

네가 가지고 있는 맛있는 거북고기를 버려두고, 먹고 있는 내 턱만을 보니 흉하리라. (이지박頤之剝, 山地剝·23번)

27번괘
이괘
山雷頤

육이는 (왈)전이로 불경우(북사)하니 정하면 흉하리라.
六二는 (日)顚頤로 拂經于(北沚)하니 征하면 凶하리라.

매일 남에게 빌어먹으며 입을 채우다 사방에서 두드려 맞는다. 가는 것은 흉하리라. (이지손頤之損, 山澤損·41번)

— 七·少陽

육삼은 불이니 정은 흉하도다. 십년물용이니 무유리하나라.

六三은 拂頤니 貞은 凶하도다. 十年勿用이니 无攸利하나라.

턱을 얻어맞는 치욕을 당하니 흉하다. 아주 오랫동안 실행하지 못하니 이로울 게 없으리라. (이지비頤之賁, 山火賁·22번)

육사는 전이니 길하도다. 호시탐탐하나 기욕이 축축이니 무구리라.

六四는 顚頤니 吉하도다. 虎視耽耽하나 其欲이 逐逐이니 无咎리라.

입에 음식이 가득하니 길하다. 호랑이가 내 음식을 노리는 듯 쳐다보고 있으나, 호랑이의 마음은 내 음식에 있는 것이 아니라 멀리 있는 다른 사냥감에 있다. 나의 음식을 호랑이에게 뺏기지 않으니 허물은 없으리라. (이지서합頤之噬嗑, 火雷噬嗑·21번)

육오는 불경이라. 거의 정은 길하며 불가섭대천이니라.

六五는 拂經이라. 居의 貞은 吉하며 不可涉大川이니라.

움직이면 종아리를 맞는 격이니 흉하나, 움직이지 않고 거주하는 것은 길하다. 큰 내를 건너듯 실행하는 것은 불가하리라. (이지익頤之益, 風雷益·42번)

상구는 유이니 여하면 길하고 이섭대천하니라.

上九는 由頤니 厲하면 吉하고 利涉大川하니라.

27번괘
이괘
山雷頤

음식을 배불리 먹은 후 이빨을 쑤시는 상태다. 현재 상태를 위태롭게 여겨 경계를 다하면 길하리라. 큰 내를 건너듯 실행하는 것도 이로우리라. (이지복頤之復, 地雷復·24번)

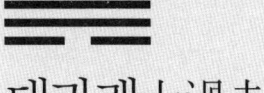

대과괘大過卦
택풍대과澤風大過 28번괘

결혼과 강을 건너는 것을 통하여 가는 것의 길흉을 설명했다.

身	▬ ▬	上六	過涉	未·財
	▬▬▬	九五	生華	酉·官
世	▬▬▬	九四	棟隆	亥·印(午·孫)
命	▬▬▬	九三	棟橈	酉·官
	▬▬▬	九二	生荑	亥·印
應	▬ ▬	初六	白茅	丑·財

〈상세해설은 주역통 302page〉

대과는 동요니 이유유왕하니라.
大過는 棟橈니 利有攸往하니라.

대들보가 굽은 집으로 무너지기 쉽다. 갈 곳이 있으면 이로우리라.

초육은 (형)에 자용백모하니 무구리라.
初六은 (亨)에 藉用白茅하니 无咎리라.

제사를 지낼 만하다. 띠풀로 짠 자리를 깔고 제사를 지낸다. 그 행동이 겸손하고 자세가 신중하니 허물이 없으리라. (대과지쾌大過之夬, 澤天夬·43번)

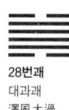

28번괘
대과괘
澤風大過

구이는 고양생(제)요 노부득기녀처니 무불리하니라.
九二는 枯楊生(荑)요 老夫得其女妻니 无不利하니라.

마른 버드나무에 새싹이 돋네, 늙은 사내가 처를 얻네. 이롭지 않음이 없으리라. (대과지함大過之咸, 澤山咸·31번)

구삼은 동요니 흉하리라.
九三은 棟橈니 凶하리라.

대들보가 굽었는데 이를 버텨주는 다른 나무의 도움이 없다. 흉하리라. (대과지곤大過之困, 澤水困·47번)

- - 八·少陰

구사는 동륭이니 길하나 유타이면 인하리라.

九四는 棟隆이니 吉하나 有它이면 吝하리라.

대들보가 높고 집이 훌륭하니 길하다. 우환이 있으면 어려워지리라. (대과지정大過之井, 水風井·48번)

구오는 고양생화요 노부득기사부라. 무구요 무예로다.

九五는 枯楊生華요 老婦得其士夫라. 无咎요 无譽로다.

마른 버드나무에 꽃이 피네. 나이 먹은 부인이 젊은 남편을 얻네. 젊은 남자를 만나 결혼하니 허물이 없으나, 늙어서 자식을 낳을 수 없으니 명예도 없으리라. (대과지항大過之恒, 雷風恒·32번)

상육은 과섭에 멸정하니 흉하리라.

上六은 過涉에 滅頂하니 凶하리라.

깊은 강을 건너다가 머리가 물에 잠겼다. 흉하리라. (대과지구大過之姤, 天風姤·44번)

28번괘
대과괘
澤風大過

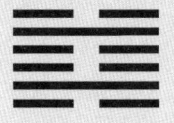

감괘坎卦 중수감重水坎 29번괘

구덩이에 숨은 포로를 잡는 길흉을 설명했다.

世	▬ ▬	上六	叢棘	子·比
	▬▬▬	九五	不盈	戌·官
命	▬ ▬	六四	樽酒	申·印
應	▬ ▬	六三	險枕	午·財
	▬▬▬	九二	有險	辰·官
身	▬ ▬	初六	入坎	寅·孫

〈상세해설은 주역통 310page〉

습감은 유부유심하여 형하니라. 행하면 유상이로다.
習坎은 有孚維心하여 亨하니라. 行하면 有尙이로다.

포로를 묶어 제사를 지낸다. 가면 포로를 잡는 공을 세워 상을 받으리라.

초육은 습감으로 입우감담이니 흉하리라.
初六은 習坎으로 入于坎窞이니 凶하리라.

포로를 잡으러 구덩이에 들어갔는데 그 안에 또 구덩이가 있다. 잡기 어려우니 흉하리라. (감지절坎之節, 水澤節·60번)

29번괘
감괘
重水坎

구이는 감에 유험하니 구는 소득하리라.
九二는 坎에 有險하니 求는 小得하리라.

포로를 잡기 위해 들어간 구덩이 속이 위험한 상태이나, 몇 명은 잡을 수 있으니 나쁘지 않다. (감지비坎之比, 水地比·8번)

- - 六·老陰·動爻

육삼은 내지감하니 감은 험차침이요 입우감담이니 물용이니라.

六三은 來之坎하니 坎은 險且枕이요 入于坎窞이니 勿用이니라.

구덩이가 험하고 깊다. 구덩이에 들어가니 그 안에 또 구덩이가 있어 포로를 잡기 어렵다. 구덩이에 들어가지 말라. (감지정감之井, 水風井·48번)

육사는 준주궤이에 용부하고 납(약)자유하니 좋은 무구리라.

六四는 樽酒簋貳에 用缶하고 納(約)自牖하니 終은 无咎리라.

잡혀서 감옥에 갇힌 포로에게 술과 밥을 질그릇에 담아 주고, 상처를 치료할 수 있는 약도 준다. 포로를 도우니 끝에는 허물이 없으리라. (감지곤坎之困, 澤水困·47번)

구오는 감불영인데 지기평이나 무구리라.

九五는 坎不盈인데 祇旣平이나 无咎리라.

포로를 잡기 위한 구덩이가 가득 차지 않았는데 구덩이를 메울 작은 언덕은 이미 평평해졌다. 구덩이가 메워지기 전에 포로를 잡았으니 허물은 없으리라. (감지사坎之師, 地水師·7번)

상육은 계용휘묵하여 치우총극하니 삼세간 부득으로 흉하리라.

上六은 係用徽纆하여 寘于叢棘하니 三歲간 不得으로 凶하리라.

포승줄로 묶여 감옥에 갇혔다. 오랫동안 석방되지 않으니 흉하리라.
(감지환坎之渙, 風水渙·59번)

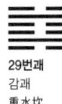

29번괘
감괘
重水坎

이괘離卦 _{중화리重火離 30번괘}

사나운 짐승으로 인해 일어난 일들의 길흉을 설명했다.

世·身	▅▅▅ 上九	王征	巳·比
	▅ ▅ 六五	出涕	未·孫
	▅▅▅ 九四	突如	酉·財
應·命	▅▅▅ 九三	日昃	亥·官
	▅ ▅ 六二	黃離	丑·孫
	▅▅▅ 初九	履錯	卯·印

〈상세해설은 주역통 318page〉

이는 이정으로 형하나라. 휵빈우면 길하리라.

離는 利貞으로 亨하나라. 畜牝牛면 吉하리라.

이로우리라. 제사를 지낼 만하다. 제사에 쓸 암소를 미리 기르면 길하리라.

초구는 이가 착연이니 경지면 무구리라.

初九는 履가 錯然이니 敬之면 无咎리라.

산짐승이 몰래 숨어서 온다. 경계하면 허물이 없으리라. (이지려離之旅, 火山旅·56번)

30번괘
이괘
重火離

육이는 황리니 원길하리라.

六二는 黃離니 元吉하리라.

나타난 산짐승이 황색이다. 황색은 길하고 복된 색이므로 크게 길하리라. (이지대유離之大有, 火天大有·14번)

七 · 少陽

구삼은 일측지리니 불고부이가하면 즉대질지차이니 흉하리라.

九三은 日昃之離니 不鼓缶而歌하면 則大耋之嗟이니 凶하리라.

해가 질 때 산짐승이 나타났다. 산짐승을 쫓기 위해 마을 사람들이 질그릇을 두드리며 시끄럽게 노래를 하지 않는다. 늙은이가 먼저 피해를 볼 수 있으니 탄식을 한다. 흉하리라. (이지서합離之噬嗑, 火雷噬嗑·21번)

구사는 돌여에 기래여라. 분여이고 사여이며 기여로다.

九四는 突如에 其來如라. 焚如이고 死如이며 棄如로다.

신짐승이 갑자기 마을에 들어와 불이 나고, 사람이 죽고, 사람이 없어졌다. 사람들이 재난을 당했으니 흉하다. (이지비離之賁, 山火賁·22번)

육오는 출체타약하며 척차약이나 길하리라.
六五는 出涕沱若하며 戚嗟若이나 吉하리라.

눈물을 줄줄 흘리며 근심하며 탄식한다. 전화위복이 되어 앞으로는 길하리라. (이지동인離之同人, 天火同人·13번)

상구는 왕용출정하여 유가절수하고 획비기추하니 무구리라.

上九는 王用出征하여 有嘉折首하고 獲匪其醜하니 无咎리라.

산짐승을 잡기 위해 왕이 출정하니 경사다. 우두머리의 머리를 베었으나 따르는 무리는 죽이지 않았으니 허물이 없으리라. (이지풍離之豊, 雷火豊·55번)

30번괘
이괘
重火離

함괘咸卦 택산함澤山咸 31번째

몸의 각 부분이 상처를 당하는 것의 길흉을 설명했다.

應·命	▬▬ ▬▬	上六	咸輔	未·印
	▬▬▬▬▬	九五	无悔	酉·比
	▬▬▬▬▬	九四	憧憧	亥·孫
世·身	▬▬▬▬▬	九三	咸股	申·比
	▬▬ ▬▬	六二	咸腓	午·官(卯·財)
	▬▬ ▬▬	初六	咸拇	辰·印

〈상세해설은 주역통 328page〉

함은 형하니라. 이정이며 취녀는 길하리라.
咸은 亨하니라. 利貞이며 取女는 吉하리라.

제사를 지낼 만하고, 앞으로의 일은 이롭다. 장가드는 일에 길하리라.

초육은 함기무라.
初六은 咸其拇라.

엄지발가락을 다쳤다. 작은 상처이니 후회가 없다. (함지혁咸之革,
澤火革·49번)

31번괘
함괘
澤山咸

육이는 함기비로 흉하며 거는 길하리라.
六二는 咸其腓로 凶하며 居는 吉하리라.

장딴지를 다쳤다. 움직이지 못하니 흉하다. 그러나 머무르는 것은
길하리라. (함지대과咸之大過, 澤風大過·28번)

구삼은 함기고하여 집기(휴)나 왕은 린하느니라.
九三은 咸其股하여 執其(隨)나 往은 吝하느니라.

넓적다리를 다쳤다. 상처를 치료하였지만 완전하지 않으므로 가는
것은 어려우리라. (함지췌咸之萃, 澤地萃·45번)

구사는 정은 길하여 회망하리라. 동동왕래하니 붕종이사리라.

九四는 貞은 吉하여 悔亡하리라. 憧憧往來하니 朋從爾思리라.

길하고 후회가 없다. 자주 왕래하니 벗이 너의 생각과 말을 따르리라. (함지건咸之蹇, 水山蹇·39번)

구오는 함기(무)나 무회리라.

九五는 咸其(拇)나 无悔리라.

엄지손가락을 다쳤다. 작은 상처이니 후회가 없으리라. (함지소과咸之小過, 雷山小過·62번)

상육은 함기보협설이라.

上六은 咸其輔頰舌이라.

뺨을 다쳤다. 피가 나고 구설에 오르니 흉할 수밖에 없다. (함지둔咸之遯, 天山遯·33번)

31번괘
함괘
澤山咸

━ ━ 八 · 少陰

항괘恒卦 _{뇌풍항雷風恒 32번괘}

짐승을 잡기 위한 함정이 오래된 것을 빌어 사냥의 길흉을 설명했다.

應	▬▬ 上六	浚恒	戌·財
	▬▬ 六五	恒德	申·官
身	━━ 九四	无禽	午·孫
世	━━ 九三	不恒	酉·官
	━━ 九二	悔亡	亥·印(寅·比)
命	▬▬ 初六	浚恒	丑·財

〈상세해설은 주역통 336page〉

항은 형하나라. 무구이며 이정이고 이유유왕하나라.

恒은 亨하니라. 无咎이며 利貞이고 利有攸往하니라.

제사를 지낼 만하고, 허물이 없고 이로우리라. 사냥을 위해 나가는 것도 이로우리라.

초육은 준항이니 정은 흉하며 무유리하나라.

初六은 浚恒이니 貞은 凶하며 无攸利하나라.

짐승을 잡기 위해 함정을 파 놓은 것이 오래되었다. 짐승이 잡히지 않고 무너지기 쉬우니 흉하다. 이로울 게 없으리라. (항지대장恒之大壯, 雷天大壯·34번)

32번괘
항괘
雷風恒

구이는 회망하리라.

九二는 悔亡하리라.

앞으로 후회가 없으리라. (항지소과恒之小過, 雷山小過·62번)

구삼은 불항기덕으로 혹승지수니 정은 린하도다.

九三은 不恒其德으로 或承之羞니 貞은 吝하도다.

짐승을 잡는 것이 오래가지 않는다. 혹 짐승 사냥을 하여 익힌 고기를 먹을 수도 있으나, 짐승을 잡을 수 있는 것이 오래가지 않으니 앞으로 어려우리라. (항지해恒之解, 雷水解·40번)

━ ━ 八 · 少陰   135

구사는 전무금이라.
九四는 田无禽이라.

사냥에서 짐승을 못 잡는다. 흉하다. (항지승恒之升, 地風升·46번)

육오는 항기덕이니 정은 부인은 길하며 부자는 흉하도다.
六五는 恒其德이니 貞은 婦人은 吉하며 夫子는 凶하도다.

짐승을 잡는 것이 한결같다. 짐승을 한결같이 잡을 수 있으면 부인은 맘껏 먹을 수 있어 길하나, 사냥꾼인 남편은 고생이 되므로 흉하리라. (항지대과恒之大過, 澤風大過·28번)

상육은 (준)항이니 (정)은 흉하도다.
上六은 (浚)恒이니 (貞)은 凶하도다.

짐승을 잡기 위해 함정을 파 놓은 것이 오래되었다. 짐승이 잡히지 않고 무너지기 쉬우니 흉하리라. (항지정恒之鼎, 火風鼎·50번)

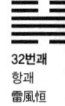

32번괘
항괘
雷風恒

둔괘遯卦 천산둔天山遯 33번째

경사스런 행사에 사용하는 새끼 돼지를 통하여 길흉을 설명했다.

	▬▬ 上九	肥遯	戌·印
應	▬▬ 九五	嘉遯	申·比
命	▬▬ 九四	好遯	午·官
	▬▬ 九三	係遯	申·比
世	▬ ▬ 六二	執革	午·官(寅·財)
身	▬ ▬ 初六	遯尾	辰·印(子·孫)

〈상세해설은 주역통 344page〉

둔은 형하니라. 소리의 정이로다.
遯은 亨하니라. 小利의 貞이로다.

제사를 지낼 만하고, 작게 이로우리라.

초육은 둔미로 여하니 물용유유왕하니라.
初六은 遯尾로 厲하니 勿用有攸往하니라.

살찌게 하기 위해 새끼 돼지의 꼬리를 자르니 위태롭다. 갈 곳이 있어도 가지 말라. (둔지동인遯之同人, 天火同人·13번)

육이는 집지용황우지혁으로 막지승탈이니라.
六二는 執之用黃牛之革으로 莫之勝說이니라.

새끼 돼지를 누런 소가죽 띠로 단단하게 묶어 놓았다. 아무도 풀 수 없으니 새끼 돼지에게 좋을 리 없다. (둔지구遯之姤, 天風姤·44번)

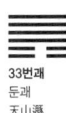

33번괘
둔괘
天山遯

구삼은 계둔이 유질하야 려하니 휵신첩이 길하리라.
九三은 係遯이 有疾하야 厲하니 畜臣妾이 吉하리라.

묶어 놓은 새끼 돼지가 병이 들어 위태하다. 차라리 부리는 종들에게 음식을 먹이는 것이 길하리라. (둔지비遯之否, 天地否·12번)

-- 六·老陰·動爻

구사는 호둔하니 군자는 길하고 소인은 비하리라.
九四는 好遯하니 君子는 吉하고 小人은 否하리라.

새끼 돼지를 선물한다. 귀족과 선비와 같이 재물이 있는 이는 길하나, 가난한 서민은 돼지를 선물로 줄 형편이 안 되니 막히리라. (둔지점遯之漸, 風山漸·53번)

구오는 가둔이니 길하리라.
九五는 嘉遯이니 吉하리라.

경사스런 행사에 새끼 돼지를 쓰니 길하리라. (둔지려遯之旅, 火山旅·56번)

상구는 비둔이니 무불리하니라.
上九는 肥遯이니 无不利하니라.

행사에 쓰는 새끼 돼지가 살이 쪘으니 이롭지 않음이 없으리라. (둔지함遯之咸, 澤山咸·31번)

33번괘
둔괘
天山遯

― 七・少陽

대장괘大壯卦 _{뇌천대장雷天大壯 34번괘}

왕해가 양을 관리하는 것을 통하여 길흉을 설명했다.

```
          ▬ ▬  上六      不退   戌·比
          ▬ ▬  六五      喪羊   申·孫
世·命 ▬▬▬▬▬  九四      羝羊   午·印
     ▬▬▬▬▬  九三      用壯   辰·比
     ▬▬▬▬▬  九二      有孚   寅·官
應·身 ▬▬▬▬▬  初九      壯趾   子·財
```

〈상세해설은 주역통 352page〉

대장은 이정이로다.

大壯은 利貞이로다.

이로우리라.

초구는 장우지니 정은 흉하리라.

初九는 壯于趾니 征은 凶하리라.

발을 다쳤으니 양을 잡으러 가는 것은 흉하리라. (대장지항大壯之恒, 雷風恒·32번)

34번째
대장괘
雷天大壯

구이는 (유부)하니 정은 길하도다.

九二는 (有孚)하니 貞은 吉하도다.

가서 양을 잡으니 길하리라. (대장지풍大壯之豐, 雷火豐·55번)

구삼의 소인은 용장이고 군자는 용망이니 정은 려하도다.

九三의 小人은 用壯이고 君子는 用罔이니 貞은 厲하도다.

양을 잡으면서 소인은 다쳤지만 군자는 다치지 않았다. 양을 잡는 것이 어려우니 위태하리라. (대장지귀매大壯之歸妹, 雷澤歸妹·54번)

구사는 (저양이 촉번하니 이기각하도다.) 정은 길하여 회망하리라. 번결이나 불리이면 장우대여지복이로다.

九四는 (牴羊이 觸藩하니 羸其角하도다.) 貞은 吉하여 悔亡하리라. 藩決이나 不羸이면 壯于大輿之輹이로다.

잡은 숫양이 울타리를 들이박아 뿔을 묶어 놨다. 날뛰는 양을 묶어놓았으니 길하고 후회가 없으리라. 울타리의 한 부분이 구멍이 났는데 날뛰는 숫양을 묶어 놓지 않으면 큰 수레를 들이박아 바퀴가 손상된다. (대장지태大壯之泰, 地天泰·11번)

육오는 상양우역이나 무회리라.

六五는 喪羊于易이나 无悔리라.

왕해가 유역이란 곳에서 양을 잃었다. 소와 목숨을 잃은 것이 아니니 후회가 없으리라. (대장지쾌大壯之夬, 澤天夬·43번)

상육은 (저)양이 촉번으로 불능퇴이고 불능수라. 무유리이나 간즉 길하리라.

上六은 (羝)羊이 觸藩으로 不能退이고 不能遂라. 无攸利이나 艱則 吉하리라.

숫양이 울타리를 들이박은 채 물러설 수도 나갈 수도 없다. 이로울 게 없으나, 상황을 어렵게 여겨 조심하면 길하리라. (대장지대유大壯之大有, 火天大有·14번)

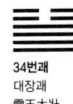

34번괘
대장괘
雷天大壯

진괘晉卦

화지진火地晉 35번괘

강후의 고사를 통하여 정벌의 길흉을 설명했다.

	━━ 上九	晉角	巳·官
	━ ━ 六五	失得	未·印
世·身	━━ 九四	鼫鼠	酉·比
	━ ━ 六三	衆允	卯·財
	━ ━ 六二	晉愁	巳·官
應·命	━ ━ 初六	晉摧	未·印

〈상세해설은 주역통 362page〉

진은 강후가 용·석마번서하고 주일삼접하도다.
晉은 康侯가 用錫馬蕃庶하고 晝日三接하도다.

주나라 무왕의 친동생인 강후가 정벌에 나가 하루에도 여러 번 이겼다. 정벌에서 잡은 많은 말들을 왕에게 바친다.

초육은 진여하여 최여하니 정은 길하도다. (회)망부하나 유무구리라.
初六은 晉如하여 摧如하니 貞은 吉하도다. (悔)罔孚하나 裕无咎리라.

강후가 적을 공격하여 꺾으니 길하리라. 정벌에서 얻은 노획품이 없는 것은 아쉽지만, 허물은 없으니 마음이 넉넉하리라. (진지서합晉之噬嗑, 火雷噬嗑·21번)

35번괘
진괘
火地晉

육이는 진여하여 수여하니 정은 길하도다. 수자개복우기왕모하리라.
六二는 晉如하여 愁如하니 貞은 吉하도다. 受玆介福于其王母하리라.

강후가 적을 공격하여 핍박하니 길하리라. 정벌에 승리를 하니 할머니인 태임으로부터 큰 상을 받는다. (진지미제晉之未濟, 火水未濟·64번)

— 七·少陽 147

육삼은 중윤이니 회망하리라.

六三은 衆允이니 悔亡하리라.

강후가 정벌을 하는데 백성이나 병졸들이 믿음을 가지니 후회가 없으리라. (진지려晉之旅, 火山旅·56번)

구사는 진여함이 석서이나 정은 려하도다.

九四는 晉如함이 鼫鼠이나 貞은 厲하도다.

강후의 군대가 들쥐와 같이 적을 기습공격한다. 공격하다가 잡힐 수 있으니 위태하리라. (진지박晉之剝, 山地剝·23번)

육오는 회망하리라. 실득하니 물휼하라. 왕은 길하여 무불리하니라.

六五는 悔亡하리라. 失得하니 勿恤하라. 往은 吉하여 无不利하니라.

강후의 정벌에 후회가 없으리라. 잃었던 것을 얻으니 근심하지 말라. 공격을 하는 것이 길하고 이롭지 않음이 없으리라. (진지비晉之否, 天地否·12번)

상구는 진기각처럼 유용벌읍에 여하면 길무구나 정은 린하도다.

上九는 晉其角처럼 維用伐邑에 厲하면 吉无咎나 貞은 吝하도다.

강후가 자신의 강한 군대를 이용하여 짐승의 뿔처럼 도읍을 정벌한다. 위태롭게 여기면 길하리라. 허물은 없으나 정벌에 도리를 잃으니 어려우리라. (진지예晉之豫, 雷地豫·16번)

35번괘
진괘
火地晉

－－ 八・少陰

명이괘明夷卦 지화명이地火明夷 36번괘

우는 가람조를 통하여 망하는 상나라와 떠나는 군자의 길흉을 설명했다.

		上六	不明	酉·印
命	▬▬	六五	箕子	亥·比
世	▬▬	六四	夷腹	丑·官
	━━	九三	夷狩	亥·比(午·財)
身	▬▬	六二	夷股	丑·官
應	━━	初九	垂翼	卯·孫

〈상세해설은 주역통 372page〉

명이는 이간정하니라.
明夷는 利艱貞하니라.

어려움에 대한 것은 이로워지리라.

초구는 명이우비가 수기(좌)익이라. 군자가 우행에 삼일불식하느니라. 유유왕은 주인의 유언이로다.
初九는 明夷于飛가 垂其(左)翼이라. 君子가 于行에 三日不食하느니라. 有攸往은 主人의 有言이로다.

우는 가람조가 날다가 좌측 날개를 드리우듯 상(商)나라가 어려워졌다. 상나라를 떠난 군자가 길을 가며 여러 날 먹지 못한다. 군자가 길을 떠난 것은 주인의 잘못 때문이리라. (명이지겸明夷之謙, 地山謙·15번)

36번괘
명이괘
地火明夷

육이는 명이가 이우좌고니라. 용증마는 장하니 길하리라.
六二는 明夷가 夷于左股니라. 用拯馬는 壯하니 吉하리라.

우는 가람조가 좌측 다리를 다치듯 상(商)나라의 상황이 어렵다. 상나라를 떠나는 군자가 탄 말은 건장하다. 군자에게는 길하리라. (명이지태明夷之泰, 地天泰·11번)

구삼은 명이가 (이)우남수라 득기대수니 불가질정이로다.

九三은 明夷가 (夷)于南狩라 得其大首니 不可疾貞이로다.

우는 가림조인 상(商)나라 주왕(紂王)이 남쪽을 정벌하다가 상처를 입었다. 주왕이 높은 벼슬을 하는 신하의 머리를 잘랐다. 상처로 인한 질병이 치료될 수 없듯 상나라는 망하리라. (명이지복明夷之復, 地雷復·24번)

육사는 (명이)가 (이)우좌복에 획명이지심하고 우출문정하도다.

六四는 (明夷)가 (夷)于左腹에 獲明夷之心하고 于出門庭하도다.

우는 가림조 좌측 배를 다치듯 상(商)나라의 상황이 어렵다. 떠나는 군자가 상나라 주왕(紂王)의 신임을 일시적으로 얻는다. 군자가 바깥뜰을 나서 상나라를 떠난다. (명이지풍明夷之豊, 雷火豊·55번)

육오는 기자지명이니 이정이로다.

六五는 箕子之明夷니 利貞이로다.

우는 가림조가 불어나고 번성한다. 이로우리라. (명이지기제明夷之旣濟, 水火旣濟·63번)

상육은 불명이고 회라 초등우천하고 후입우지하도다.

上六은 不明이고 晦라 初登于天하고 後入于地하도다.

상(商)나라가 밝지 않고 어두워진다. 처음엔 하늘로 올라가나 후엔 땅으로 들어가듯 망했으니 흉하다. (명이지비明夷之賁, 山火賁·22번)

36번괘
명이괘
地火明夷

가인괘家人卦

풍화가인風火家人 37번괘

집안을 돌보는 가장의 길흉을 설명했다.

```
          ━━━━━ 上九    有孚   卯·比
應·命 ━━━━━ 九五    王假   巳·孫
          ━━ ━━ 六四    富家   未·財
          ━━━━━ 九三    嗃嗃   亥·印(酉·官)
世·身 ━━ ━━ 六二    中饋   丑·財
          ━━━━━ 初九    閑家   卯·比
```

〈상세해설은 주역통 384page〉

가인은 이녀정이니라.
家人은 利女貞이니라.

여자는 이로우리라.

초구는 한유가하니 회망하리라.
初九는 閑有家하니 悔亡하리라.

가장이 도적으로부터 집을 방비한다. 후회가 없으리라. (가인지점家人之漸, 風山漸·53번)

육이는 무유수로 재중궤하니 정은 길하도다.
六二는 无攸遂로 在中饋하니 貞은 吉하도다.

부인이 때를 건너지 않고 집안에서 음식을 해 먹인다. 가족을 잘 봉양하니 길하리라. (가인지소축家人之小畜, 風天小畜·9번)

37번괘
가인괘
風火家人

구삼은 가인이 학학으로 회려하나 길하며 부자는 희희하나 종린하니라.

九三은 家人이 嗃嗃으로 悔厲하나 吉하며 婦子는 嘻嘻하나 終吝하니라.

가장이 집안의 어려움을 극복하기 위해 크게 울부짖으며 노력한다. 후회와 위태함이 있지만 길하리라. 편안함으로 부녀자는 즐겁게 웃으나 그 끝은 어려우리라. (가인지익家人之益, 風雷益·42번)

육사는 부가이니 대길하리라.

六四는 富家이니 大吉하리라.

부잣집이니 크게 길하리라. (가인지동인家人之同人, 天火同人·13번)

구오는 왕격유가이나 물휼이라. 길하리라.

九五는 王假有家이나 勿恤이라. 吉하리라.

왕이 집에 온다. 백성이 감당할 수 없는 일이나 근심하지 말라. 길하리라. (가인지비家人之賁, 山火賁·22번)

상구는 유부이고 위여니 종길하리라.
上九는 有孚이고 威如니 終吉하리라.

가장이 위엄이 있고 벌로 집안을 다스리니 끝은 길하리라. (가인지 기제家人之旣濟, 水火旣濟·63번)

37번괘
가인괘
風火家人

규괘睽卦 화택규火澤睽 38번괘

나그네가 여행 중 만나는 일에 대한 길흉을 설명했다.

	上九	見豕	巳·印
	六五	登宗	未·比(子·財)
世·身	九四	睽孤	酉·孫
	六三	見輿	丑·比
	九二	遇主	卯·官
應·命	初九	喪馬	巳·印

〈상세해설은 주역통 392page〉

규는 소사는 길하리라.

睽는 小事는 吉하리라.

작은 일은 길하리라.

초구는 회망이니 상마에 물축하여도 자복이며 견악인하여도 무구리라.

初九는 悔亡이니 喪馬에 勿逐하여도 自復이며 見惡人하여도 无咎리라.

후회가 없으리라. 잃어버린 말은 스스로 돌아오니 쫓지 말라. 악인을 만나도 허물이 없으리라. (규지미제睽之未濟, 火水未濟·64번)

38번괘
규괘
火澤睽

구이는 우(주)우항이나 무구리라.

九二는 遇(主)于巷이나 无咎리라.

여행자가 길거리에서 신주를 만났으나 허물이 없으리라. (규지서합睽之噬嗑, 火雷噬嗑·21번)

육삼은 견여예하고 기우체하며 기인은 천차의라. 무초이고 유종이리라.

六三은 見輿曳하고 其牛掣하며 其人은 天且劓라. 无初이고 有終이리라.

여행자가 소가 끄는 수레에서 벗어난 것과 소가 마부를 따르지 않고 뻗대는 것을 보았다. 마부는 이마에 먹물을 새기고 코가 잘리는 형벌을 받은 사람이다. 결국 마부가 수레를 제대로 끌게 된다. 이같이 처음에는 어려웠으나 나중에는 이루는 것이 있으리라. (규지대유睽之大有, 火天大有·14번)

구사는 규고가 우원부하여 교부니 여하나 무구리라.

九四는 睽孤가 遇元夫하여 交孚니 厲하나 无咎리라.

홀로 여행하는 나그네가 여행 중 큰 남자를 만나 함께 잡혔다. 잡힌 것은 위태한 일이나, 함께 풀려나니 허물이 없으리라. (규지손睽之損, 山澤損·41번)

육오는 회망하리라. (등)종하여 서부하니 왕에 하구리오.

六五는 悔亡하리라. (登)宗하여 噬膚하니 往에 何咎리오.

후회가 없으리라. 여행자가 사당에 가 고기를 먹는다. 행하는 것에 무슨 허물이 있겠는가? (규지리睽之履, 天澤履·10번)

상구는 규고가 견시부도요 재귀일거하여 선은 장지호하고 후는 탈지호하니 비구이며 혼구라. 왕우우니즉길하리라.

上九는 睽孤가 見豕負塗요 載鬼一車하여 先은 張之弧하고 後는 說之弧하니 匪寇이며 婚媾라. 往遇雨니則吉하리라.

38번괘
규괘
火澤睽

홀로 여행하는 나그네가 등에 진흙을 바른 돼지를 보고 수레에 탄 분장한 사람들을 봤다. 처음에는 도적인 줄 알고 활을 쏘려고 시위를 당기려 했으나, 후에는 혼인하러 가는 사람들임을 알고 활을 내려놓는다. 나그네가 가다가 비를 만나니 길하리라. (규지귀매睽之歸妹, 雷澤歸妹·54번)

-- 八·少陰

건괘蹇卦 _{수산건水山蹇 39번괘}

신하가 왕에게 하는 직언의 길흉을 설명했다.

命	▬▬ ▬▬	上六	来碩	子·孫
	▬▬▬▬▬	九五	不來	戌·印
世	▬▬ ▬▬	六四	来連	申·比
身	▬▬▬▬▬	九三	来反	申·比
	▬▬ ▬▬	六二	匪今	午·官(卯·財)
應	▬▬ ▬▬	初六	来譽	辰·印

〈상세해설은 주역통 402page〉

(알)은 이서남이며 불리동북으로 이견대인하며 정은 길하도다.

(訐)은 利西南이며 不利東北으로 利見大人하며 貞은 吉하도다.

서남쪽은 이롭고 동북쪽은 불리하며, 직언을 하려고 신하가 왕을 만나는 것이 이로우며 길하리라.

초육은 왕하여 (알)하니 래예리라.

初六은 往하여 (訐)하니 來譽리라.

신하가 왕에게 직언을 하니 명예로워 지리라. (건지기제蹇之旣濟, 水火旣濟·63번)

39번괘
건괘
水山蹇

육이는 왕신이 (알알)하니 비(금)지고로다.

六二는 王臣이 (訐訐)하니 匪(今)之故로다.

신하가 왕에게 계속 직언한다. 직언하는 내용은 지금의 일이 아닌 예전의 일에 대한 것이다. (건지정蹇之井, 水風井·48번)

구삼은 왕하여 (알)하니 래반하도다.
九三은 往하여 (訐)하니 來反하도다.

신하가 왕에게 직언을 하고, 왕은 신하의 직언에 대해 반박을 한다.
(건지비蹇之比, 水地比 · 8번)

육사는 왕하여 (알)하니 래연이로다.
六四는 往하여 (訐)하니 來連이로다.

신하가 왕에게 직언을 하고, 왕은 자신의 잘못에 대해 신하에게 속여 말한다. (건지함蹇之咸, 澤山咸 · 31번)

구오는 대(알)이나 (불)래로다.
九五는 大(訐)이나 (不)來로다.

신하가 직언을 모두 마친 후, 직언에 대한 왕의 대답이 신하에게 오지 않는다. (건지겸蹇之謙, 地山謙 · 15번)

상육은 왕하여 (알)하니 래석이니 길하고 이견대인이리라.

上六은 往하여 (訐)하니 來碩이니 吉하고 利見大人이리라.

신하가 하는 직언을 왕이 받아들이니 길하리라. 왕을 만나는 것이 이로우리라. (건지점蹇之漸, 風山漸·53번)

39번괘
건괘
水山蹇

- - 八·少陰

해괘解卦 뇌수해雷水解 40번괘

잡은 여우를 풀어 주는 것을 통하여 사냥의 길흉을 설명했다.

		▬▬ ▬▬ 上六	射隼	戌·財
應·身		▬▬ ▬▬ 六五	維解	申·官
		▬▬▬▬▬ 九四	解拇	午·孫
		▬▬ ▬▬ 六三	負乘	午·孫
世·命		▬▬▬▬▬ 九二	田獲	辰·財
		▬▬ ▬▬ 初六	无咎	寅·比(子·印)

〈상세해설은 주역통 410page〉

해는 이서남이라. 무소왕이면 기래복이 길하고 유유왕이면 숙이 길하리라.

解는 利西南이라. 无所往이면 其來復이 吉하고 有攸往이면 夙이 吉하리라.

사냥을 하는 곳은 서남쪽이 이롭다. 여우 사냥을 할 곳이 없으면 돌아오는 것이 길하고, 사냥을 갈 곳이 있으면 빨리 가는 것이 길하리라.

초육은 무구리라.

初六은 无咎리라.

허물이 없으리라. (해지귀매解之歸妹, 雷澤歸妹·54번)

40번괘
해괘
雷水解

구이는 전획삼호에 득황시하니 정은 길하도다.

九二는 田獲三狐에 得黃矢하니 貞은 吉하도다.

사냥을 가 여우 세 마리를 잡고, 황동 화살촉이 있는 화살도 얻었으니 길하리라. (해지예解之豫, 雷地豫·16번)

육삼은 부차승하니 치구지라 정은 린하도다.

六三은 負且乘하니 致寇至라 貞은 吝하도다.

사냥에서 잡은 여우를 담은 짐을 등에 진 상태로 수레에 탔다. 도적을 스스로 불러들이는 것이니 어려우리라. (해지항解之恒, 雷風恒·32번)

구사는 해이무라. 붕지하여 (차)부하도다.

九四는 解而拇라. 朋至하여 (此)孚하도다.

여우를 잡은 그물이 풀어졌다. 벗이 와서 도망가는 여우를 잡는 것을 도와줬다. (해지사解之師, 地水師·7번)

육오는 군자가 유유해하니 길하리라. 유부우소인하도다.

六五는 君子가 維有解하니 吉하리라. 有孚于小人하도다.

사냥을 한 군자가 그물을 묶은 밧줄을 풀어 잡은 여우를 놓아주니 길하리라. 군자가 풀어준 여우를 소인이 잡는다. (해지곤解之困, 澤水困·47번)

상육은 공이 용사준우고용지상하여 획지니 무불리하니라.

上六은 公이 用射隼于高墉之上하여 獲之니 无不利하니라.

공경이 높은 담장 위의 매를 쏴 잡으니 이롭지 않음이 없으리라. (해지미제解之未濟, 火水未濟·64번)

40번괘
해괘
雷水解

손괘損卦 산택손山澤損 41번괘

덜어 내는 것과 더하는 것의 길흉을 설명했다.

應	▬▬▬ 上九	益之	寅·官
命	▬ ▬ 六五	或益	子·財
	▬ ▬ 六四	損疾	戌·比
世	▬ ▬ 六三	三人	丑·比(申·孫)
身	▬▬▬ 九二	弗損	卯·官
	▬▬▬ 初九	遄往	巳·印

〈상세해설은 주역통 418page〉

손은 유부니 원길하고 무구리라. 가정이니 이유유왕하니라. 갈지용이궤로 가용향이리라.

損은 有孚니 元吉하고 无咎리라. 可貞이니 利有攸往하니라. 曷之用二簋로 可用享이리라.

포로가 있으니 크게 길하고 허물이 없으리라. 일을 추진하는 것이 가능하고 행동하는 것이 이로우리라. 검소한 제사에 소반에 담긴 두 그릇의 기장을 쓸 수 있으리라.

초구는 이사에 천왕해야 무구리니 작손지하니라.
初九는 已事에 遄往해야 无咎리니 酌損之하니라.

제사에 빨리 가야 허물이 없으리라. 제물로 올린 술은 잔질하여 덜어 낸다. (손지몽損之蒙, 山水蒙·4번)

41번괘
손괘
山澤損

구이는 이정이나 정은 흉하리라. 불손하고 익지하느니라.
九二는 利貞이나 征은 凶하리라. 弗損하고 益之하느니라.

이로우나 정벌하는 것은 흉하리라. 제사에 쓰는 제물은 덜어 내지 말고 보태야 한다. (손지이損之頤, 山雷頤·27번)

－－ 六·老陰·動爻

육삼은 삼인행에 즉손일인하고 일인행에 즉득기우로다.

六三은 三人行에 則損一人하고 一人行에 則得其友로다.

세 사람이 길을 가면 두 사람이 짝이 되어 한 사람을 잃으며, 한 사람이 길을 가면 벗을 얻으리라. (손지대축損之大畜, 山天大畜·26번)

육사는 손기질이 (사)천이니 유희로 무구리라.

六四는 損其疾이 (事)遄이니 有喜로 无咎리라.

병이 빨리 치료되니 기쁘고 허물이 없으리라. (손지규損之睽, 火澤睽·38번)

육오는 혹익지십붕지귀이면 불극위니 원길하리라.

六五는 或益之十朋之龜이면 弗克違니 元吉하리라.

제사에 사용하도록 주는 값비싼 식용거북을 거절하지 않고 제물로 쓰니 크게 길하리라. (손지중부損之中孚, 風澤中孚·61번)

상구는 불손하고 익지니 무구요 정은 길하니 이유유왕이며 득신무가리라.

上九는 弗損하고 益之니 无咎요 貞은 吉하니 利有攸往이며 得臣无家리라.

제물을 덜어 내지 않고 더한다. 허물이 없으며 길하니 가는 것이 이로우며, 집 없는 남자 종을 얻게 되리라. (손지림損之臨, 地澤臨·19번)

41번괘
손괘
山澤損

七 · 少陽

익괘益卦 풍뢰익風雷益 42번괘

주공과 성왕의 고사를 통하여 도움의 길흉을 설명했다.

應	━━ 上九	莫益	卯·比
身	━━ 九五	惠心	巳·孫
	▬ ▬ 六四	中行	未·財
世	▬ ▬ 六三	益用	辰·財(酉·官)
命	▬ ▬ 六二	弗違	寅·比
	━━ 初九	大作	子·印

〈상세해설은 주역통 428page〉

익은 이유유왕하며 이섭대천하니라.

益은 利有攸往하며 利涉大川하니라.

도움을 주기 위해 가는 것이 이롭고, 강을 건너 행동하는 것이 이로우리라.

초구는 이용위대작이니 원길하고 무구리라.

初九는 利用爲大作이니 元吉하고 无咎리라.

크게 건축을 하는 것이 가능하다. 크게 길하고 허물이 없으리라. (익지관益之觀, 風地觀·20번)

42번괘
익괘
風雷益

육이는 혹익지십붕지귀이면 불극위니 영의 정은 길하도다. 왕용향우제니 길하리라.

六二는 或益之十朋之龜이면 弗克違니 永의 貞은 吉하도다. 王用享于帝니 吉하리라.

제물로 주는 값비싼 거북을 거절하지 않는다. 앞으로 오랫동안 길하다. 왕이 상제에게 제사를 지내니 길하리라. (익지중부益之中孚, 風澤中孚·61번)

― 七·少陽 175

육삼은 익지용흉사이니 무구며 유부리라. 중행이 고공용규하도다.

六三은 益之用凶事이니 无咎며 有孚리라. 中行이 告公用圭하도다.

흉한 일을 도와주니 허물이 없으리라. 흉사를 도우면서 포로나 노획품이 있게 된다. 흉한 일은 중연(仲衍)이 주공(周公)에게 증표로 알린 것이다. (익지가인益之家人, 風火家人·37번)

육사는 중행이 고공하여 종하니 이용위(가)천국이니라.

六四는 中行이 告公하여 從하니 利用爲(家)遷國이니라.

중연(仲衍)이 백성의 흉한 상황을 알리니 주공(周公)이 이를 처리하였다. 백성을 위해 나라의 수도를 옮기는 것이 가능하리라. (익지무망益之无妄, 天雷无妄·25번)

구오는 유부가 혜심이니 물문하여도 원길하리라.
유부의 혜는 아덕이로다.

九五는 有孚가 惠心이니 勿問하여도 元吉하리라.
有孚의 惠는 我德이로다.

반란을 진압하면서 잡은 포로들이 순종하니 물을 것도 없이 크게 길하리라. 포로들이 나의 덕을 따른다. (익지리益之頤, 山雷頤·27번)

상구는 막익지에 혹격지이니 입심물항하면 흉하리라.

上九는 莫益之에 或擊之이니 立心勿恒하면 凶하리라.

도움이 없는 상태에서 공격을 당할 수 있다. 처음 먹은 마음을 고집하면 흉하리라. (익지준益之屯, 水雷屯·3번)

42번괘
익괘
風雷益

쾌괘夬卦　택천쾌澤天夬 43번째

싸움에서 도망해 처벌받는 군자의 길흉을 설명했다.

	▬ ▬ 上九	无號	未·比
世	▬▬▬ 九五	夬夬	酉·孫
身	▬▬▬ 九四	牽羊	亥·財
	▬▬▬ 九三	壯頄	辰·比
應	▬▬▬ 九二	惕號	寅·官(巳·印)
命	▬▬▬ 初九	壯趾	子·財

〈상세해설은 주역통 438page〉

쾌는 양우왕정에 부가 호하도다. 유려라 고자읍하니 불리즉융하고 이유유왕하니라.

夬는 揚于王庭에 孚가 號하도다. 有厲라 告自邑하니 不利卽戎하고 利有攸往하니라.

왕궁에서 개선식을 하는데 끌려온 포로들이 울부짖고 있다. 적이 쳐들어와 위태하다는 보고가 읍으로부터 있다. 적병을 쫓는 것이 불리하고 도망을 가는 것이 이로우리라.

초구는 장우전지로 왕하면 불승이니 위구리라.

初九는 壯于前趾로 往하면 不勝이니 爲咎리라.

발가락을 다쳤다. 정벌에 나가 이길 수 없으니 허물이 있으리라. (쾌지대과夬之大過, 澤風大過·28번)

43번괘
쾌괘
澤天夬

구이는 척호라. 모야에 유융이라도 물휼이로다.

九二는 惕號라. 莫夜에 有戎이라도 勿恤이로다.

한밤에 적병이 쳐들어오니 두려워 부르짖는다. 다치지 않으니 근심하지 말라. (쾌지혁夬之革, 澤火革·49번)

七 · 少陽

구삼은 장우구니 유흉이라. 군자가 쾌쾌독행하여 우우약유니 유온이나 무구리라.

九三은 壯于頄니 有凶이라. 君子가 夬夬獨行하여 遇雨若濡니 有慍이나 无咎리라.

쳐들어온 적에게 광대뼈를 다쳤으니 흉하다. 적을 피해 군자가 말처럼 혼자 도망가다가 비를 만나 옷이 젖어 화가 난다. 적에게 잡히지 않으니 허물은 없으리라. (쾌지태夬之兌, 重澤兌·58번)

구사는 둔무부니 기행에 차저이나 견양하면 회망 하리라. 문언은 불신이로다.

九四는 臀无膚니 其行에 次且이나 牽羊하면 悔亡 하리라. 聞言은 不信이로다.

엉덩이에 살이 없으니 매맞는 것이 두려워 가는 것을 망설인다. 양을 끌고 가 자신의 죄를 고하면 후회가 없으리라. 죄를 고하는 일에 대해 주변으로부터 들은 말은 믿을 바가 못 된다. (쾌지수夬之需, 水天需·5번)

구오는 현륙이 쾌쾌중행하니 무구리라.

九五는 莧陸이 夬夬中行하니 无咎리라.

군자가 죄를 고하러 여섯 마리의 양과 함께 길 가운데를 말달리듯 달린다. 허물이 없으리라. (쾌지대장夬之大壯, 雷天大壯·34번)

상육은 무호니 (중)유흉하리라.
上六은 无號니 (中)有凶하리라.

죄를 고하는 군자에게 부르짖음이 없다. 중간에는 흉함이 있으리라.
(괘지건之乾, 重天乾·1번)

43번째
쾌괘
澤天夬

구괘姤卦 <small>천풍구天風姤 44번괘</small>

짐승의 뿔을 두드리는 것을 통하여 상나라가 망하는 것에 대한 길흉을 설명했다.

	▬▬ 上九	敂角	戌·印
命	▬▬ 九五	含章	申·比
應	▬▬ 九四	无魚	午·官
	▬▬ 九三	无膚	酉·比
身	▬▬ 九二	包魚	亥·孫(寅·財)
世	▬ ▬ 初六	繫柅	丑·印

〈상세해설은 주역통 448page〉

(구)는 여장이니 물용취녀니라.
(敂)는 女壯이니 勿用取女니라.

여자가 다쳤으니 장가들지 말아야 한다.

초육은 계우금니로 정은 길하도다. 유유왕하면 견흉하리니 이시가 부하며 척촉하도다.
初六은 繫于金柅로 貞은 吉하도다. 有攸往하면 見凶하리니 羸豕가 孚하며 蹢躅하도다.

황동으로 만든 수레의 고동목에 묶여 있다. 현재의 상태가 좋으니 길하리라. 머물지 않고 가면 흉한 것을 본다. 가면 묶인 돼지가 줄만 끌어 당기며 버르적거리는 꼴이 되리라. (구지건姤之乾, 重天乾·1번)

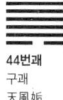

44번괘
구괘
天風姤

구이는 포에 유어니 무구하고 불리빈하니라.
九二는 包에 有魚니 无咎하고 不利賓하니라.

부엌에 물고기가 있으니 허물이 없다. 자신의 귀한 것을 버려두고 손님으로 가는 것은 불리하리라. (구지둔姤之遯, 天山遯·33번)

구삼은 둔무부니 기행에 차저하고 려하나 무대구리라.

九三은 臀无膚니 其行에 次且하고 厲하나 无大咎리라.

엉덩이에 살이 없으니 매맞는 것이 두려워 가는 것을 망설인다. 매맞는 것은 위태한 일이나, 무거운 형벌이 아니므로 큰 허물은 없으리라. (구지송姤之訟, 天水訟·6번)

구사는 포에 무어이니 (이)는 흉하리라.

九四는 包에 无魚이니 (已)는 凶하리라.

부엌에 소박한 제사에 쓸 물고기도 없다. 제사에 흉하리라. (구지손姤之巽, 重風巽·57번)

구오는 이(기)로 포(고)하니 함장으로 유운자천이로다.

九五는 以(긔)로 包(苽)하니 含章으로 有隕自天이로다.

좋은 곡식인 차조로 나쁜 곡식인 줄을 감싸는 것과 같이 상(商)나라를 이긴다. 이는 하늘로부터 온 복이다. (구지정姤之鼎, 火風鼎·50번)

상구는 (구)기각이 인하나 무구리라.
上九는 (姤)其角이 吝하나 无咎리라.

짐승의 뿔을 두드리듯 적을 공격하는 것은 어렵다. 다치지 않으니 허물은 없으리라. (구지대과姤之大過, 澤風大過·28번)

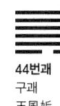

44번괘
구괘
天風姤

췌괘萃卦 <small>택지췌澤地萃 45번괘</small>

질병의 길흉을 설명했다.

身	▬ ▬	上六	齎咨	未·印
應	▬▬▬	九五	萃位	酉·比
	▬▬▬	九四	大吉	亥·孫
命	▬ ▬	六三	萃嗟	卯·財
世	▬ ▬	六二	引吉	巳·官
	▬ ▬	初六	不終	未·印

〈상세해설은 주역통 456page〉

췌는 형에 왕격유묘니 이견대인하리라. 형은 이정하고 용대생하면 길하며 이유유왕하니라.

萃는 亨에 王假有廟니 利見大人하리라. 亨은 利貞하고 用大牲하면 吉하며 利有攸往하니라.

왕이 제사를 지내기 위해 사당에 온다. 대인을 만나는 것이 이로우리라. 제사를 지낼 만하고, 이로우리라. 제사에 큰 짐승을 제물로 쓰면 길하고, 갈 곳이 있으면 이로우리라.

45번괘
췌괘
澤地萃

초육은 유부가 부종으로 내란내췌로 약호하도다. 일(곡)위소하니 물휼이라 왕하면 무구리라.

初六은 有孚가 不終으로 乃亂乃萃로 若號하도다. 一(斛)爲笑하니 勿恤이라 往하면 无咎리라.

벌을 받는 것이 끝나지 않아 혼란스럽고 병이 들었다. 병으로 부르짖다가 자신의 처지에 대해 점을 친 후 웃는다. 근심하지 말라, 가면 허물이 없으리라. (췌지수萃之隨, 澤雷隨·17번)

육이는 인길이니 무구하여 부내이용약이리라.

六二는 引吉이니 无咎하여 孚乃利用禴이리라.

크게 길하고 허물이 없다. 믿음을 가지고 간소한 제사를 지내면 이로우리라. (췌지곤萃之困, 澤水困·47번)

육삼은 췌여차여이니 무유리며 왕하면 무구이나 소린하니라.

六三은 萃如嗟如이니 无攸利며 往하면 无咎이나 小吝하니라.

병들어 탄식하니 이로울 게 없다. 가면 허물은 없으나, 작은 어려움은 있으리라. (췌지함萃之咸, 澤山咸·31번)

구사는 대길하며 무구리라.

九四는 大吉하며 无咎리라.

크게 길하고 허물이 없으리라. (췌지비萃之比, 水地比·8번)

구오는 췌유위니 무구이며 비부로 원하며 영의 정은 회망하도다.

九五는 萃有位니 无咎이며 匪孚로 元하며 永의 貞은 悔亡하도다.

맡은 일로 인해 생긴 병이니 허물이 없다. 처벌을 받지 않으니 앞으로 오랜 기간 크게 길하고 후회가 없으리라. (췌지예萃之豫, 雷地豫·16번)

상육은 재자의 체이니 무구리라.

上六은 齎咨의 涕洟니 无咎리라.

상가집에 부의를 하며 눈물과 콧물을 흘린다. 허물은 없으리라. (췌지비萃之否, 天地否·12번)

45번괘
췌괘
澤地萃

승괘升卦 _{지풍승地風升 46번괘}

올라가는 것을 통하여 왕이 정벌하는 것의 길흉을 설명했다.

	▬▬ 上六	冥升	酉·官
命	▬▬ 六五	升階	亥·印
世	▬▬ 六四	王享	丑·財(午·孫)
	━━ 九三	升邑	酉·官
身	━━ 九二	用禴	亥·印(寅·比)
應	▬▬ 初六	允升	丑·財

〈상세해설은 주역통 468page〉

승은 원형하니라. 용견대인이니 물휼하고 남정이 길하리라.

升은 元亨하니라. 用見大人이니 勿恤하고 南征이 吉하리라.

큰 제사를 지낼 만하고, 벼슬이 높은 사람을 만나는 것이 이롭다. 근심하지 말라. 남쪽을 정벌하면 길하리라.

초육은 윤승이니 대길하리라.
初六은 允升이니 大吉하리라.

믿음으로 올라가듯 정벌하니 크게 길하리라. (승지태升之泰, 地天泰·11번)

46번괘
승괘
地風升

구이는 부내이용약이니 무구리라.
九二는 孚乃利用禴이니 无咎리라.

정벌에 승리를 한 후 믿음으로 검소한 제사를 지낸다. 허물이 없으리라. (승지겸升之謙, 地山謙·15번)

구삼은 승허읍이로다.

九三은 升虛邑이로다.

정벌에 승리를 한 후 큰 언덕에 있는 읍으로 수도를 옮긴다. (승지사 升之師, 地水師·7번)

육사는 왕용형우기산이니 길하고 무구리라.

六四는 王用亨于岐山이니 吉하고 无咎리라.

읍으로 수도를 옮긴 후 왕이 감사의 제사를 기산에서 지낸다. 길하고 허물이 없으리라. (승지항升之恒, 雷風恒·32번)

육오는 정이 길하니 승계로다.

六五는 貞이 吉하니 升階로다.

길하리라. 섬돌을 밟아 올라가듯 계속 정벌을 한다. (승지정升之井, 水風井·48번)

상육은 명승이니 이우불식지정이로다.

上六은 冥升이니 利于不息之貞이로다.

어두운 밤에도 올라간다. 쉬지 않고 계속 정벌을 하는 것이 이로우리라. (승지고升之蠱, 山風蠱·18번)

46번괘
승괘
地風升

-- 八·少陰

곤괘困卦 택수곤澤水困 47번괘

죄인의 곤경과 죄인을 다루는 대인에 대한 길흉을 설명했다.

命	▬ ▬	上六	困葛	未·印
	▬▬▬	九五	困絞	酉·比
應	▬▬▬	九四	困車	亥·孫
身	▬ ▬	六三	困石	午·官
	▬▬▬	九二	困酒	辰·印
世	▬ ▬	初六	臀困	寅·財

〈상세해설은 주역통 476page〉

곤은 형하니라. 정은 대인에게 길하고 무구리라. 유언이나 불신이로다.

困은 亨하니라. 貞은 大人에게 吉하고 无咎리라. 有言이나 不信이로다.

제사를 지낼 만하다. 죄인을 다스리는 대인에게는 길하고 허물이 없으리라. 죄인은 잘못에 대해 말하지만 이 말을 믿을 수 없다.

초육은 둔곤우주목이라. 입우유곡하여 삼세간 부적이니 (흉)하리라.

初六은 臀困于株木이라. 入于幽谷하여 三歲간 不覿이니 (凶)하리라.

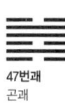

47번괘
곤괘
澤水困

죄인이 몽둥이로 엉덩이를 맞는 곤경이 있다. 중죄로 감옥에 갇혀 삼년 동안 보지 못하니 흉하리라. (곤지태困之兌, 重澤兌·58번)

구이는 곤우주식에 주불이 방래하니 이용향사라. 정은 흉하리라.

九二는 困于酒食에 朱紱이 方來하니 利用享祀라. 征은 凶하리라.

대인이 술과 음식을 많이 먹어 곤경에 처해 있다. 대인에게 왕으로부터 주황색 앞가리개가 온다. 제사를 지내는 것이 좋고, 대인이 죄인을 다루는 일은 흉하리라. (곤지췌困之萃, 澤地萃·45번)

― 七・少陽

육삼은 곤우석에 거우질려라. 입우기궁하여 불견기처니 흉하리라.

六三은 困于石에 據于蒺藜라. 入于其宮하여 不見其妻니 凶하리라.

죄인이 처벌을 받는 가석에 앉는 곤경에 처했다가 감옥으로 간다. 죄인이 감옥에서 나와 집에 갔으나 처를 볼 수 없으니 흉하리라. (곤지대과困之大過, 澤風大過·28번)

구사의 내서서는 곤우금거일새니 인하나 유종이리라.

九四의 來徐徐는 困于金車일새니 吝하나 有終이리라.

감옥에 갇혀 있던 죄인이 풀려난 후 오는 것이 늦다. 대인이 죄인을 빨리 풀어 주지 않았기 때문이다. 죄인이 오는 것이 어렵겠지만 결국은 오게 된다. (곤지감困之坎, 重水坎·29번)

구오의 의월은 곤우적불일새니 내서유탈로 이용제 사니라.

九五의 劓刖은 困于赤紱일새니 乃徐有說로 利用 祭祀니라.

죄인이 코가 잘리고 발꿈치가 잘리는 벌을 받는다. 붉은 색 앞가리 개를 입은 대인 때문에 죄인이 벌을 받는 곤경에 처해 있다. 늦게 석 방되니 죄인이 제사를 지내는 것은 가능하리라. (곤지해困之解, 雷水解·40번)

상육은 곤우갈류로 우얼올이로다. 왈동회면 유회 니 정하면 길하리라.

上六은 困于葛藟로 于臲卼이로다. 曰動悔면 有悔 니 征하면 吉하리라.

47번괘
곤괘
澤水困

칡덩굴과 나무 말뚝으로 둘러쳐진 감옥에 죄인이 있다. 이제 움직일 수 없는 상황이라고 한탄만 하고 있으면 후회를 하게 되리라. 감옥 에서 나가니 길하리라. (곤지송困之訟, 天水訟·6번)

정괘井卦 수풍정水風井 48번괘

우물을 통하여 왕이 인재를 등용하는 길흉을 설명했다.

	▬ ▬ 上六	井收　子·印
世·身	▬▬▬ 九五	井冽　戌·財
	▬ ▬ 六四	井甃　申·官(午·孫)
	▬▬▬ 九三	井渫　酉·官
應·命	▬▬▬ 九二	井谷　亥·印(寅·比)
	▬ ▬ 初六	井泥　丑·財

〈상세해설은 주역통 490page〉

정은 개읍에 불개정이니 무상무득하며 왕래정이니 정흘지라. 역미(급)정으로 이기병이니 흉하리라.

井은 改邑에 不改井이니 无喪无得하며 往來井이니 井汔至라. 亦未(汲)井으로 羸其甁이니 凶하리라.

읍을 고쳤으나 우물은 고치지 않으니 잃는 것도 얻는 것도 없다. 많은 사람들이 우물에 왕래하며 물을 길으니 우물이 마른다. 우물물을 긷지 못하고 두레박을 깨니 흉하리라.

초육은 정니니 불식이요. 구정에 무금이라.

初六은 井泥니 不食이요. 舊井에 无禽이라.

우물에 진흙이 있어 물을 먹지 못하고. 오래된 구덩이에는 잡히는 짐승이 없다. (정지수井之需, 水天需·5번)

48번괘
정괘
水風井

구이는 정곡석부니 옹폐루로다.

九二는 井谷射鮒니 甕敝漏로다.

우물 바닥에 있는 붕어를 활로 쏜다. 화살이 두레박을 깨뜨려 물이 줄줄 샌다. 화근을 만드는 짝이다. (정지건井之蹇, 水山蹇·39번)

－ － 八 · 少陰

구삼은 정설불식이니 위아심측이로다. 가용급이니 왕명하면 병수기복하리라.

九三은 井渫不食이니 爲我心惻이로다. 可用汲이니 王明하면 竝受其福하리라.

우물을 쳐 깨끗한데도 마시지 않으니 안타까운 마음이다. 현명한 왕이 물을 길어 먹으면 다 함께 복을 받을 수 있으리라. (정지감井之坎, 重水坎·29번)

육사는 정추니 무구리라.

六四는 井甃니 无咎리라.

우물을 벽돌로 보수하니 허물이 없으리라. (정지대과井之大過, 澤風大過·28번)

구오는 정렬한천이니 식이로다.

九五는 井洌寒泉이니 食이로다.

우물물이 맑아지니 찬 샘물을 먹을 수 있으리라. (정지승井之升, 地風升·46번)

상육은 정수에 물막하니 유부면 원길하리라.
上六은 井收에 勿幕하니 有孚면 元吉하리라.

우물물을 길은 다음 두레박줄을 거둔 후 우물 덮개를 덮지 않는다. 우물을 제대로 관리하지 않은 사람에게 벌을 줘 물을 청결하게 관리하면 크게 길하리라. (정지손井之巽, 重風巽·57번)

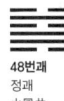

48번괘
정괘
水風井

혁괘革卦 택화혁澤火革 49번괘

가죽과 변경함을 통하여 대인과 군자의 정벌에 대한 길흉을 설명했다.

身	▬▬ ▬▬ 上六	豹變	未·官
	▬▬▬▬▬ 九五	虎變	酉·印
世	▬▬▬▬▬ 九四	改命	亥·比(午·財)
命	▬▬▬▬▬ 九三	革言	亥·比
	▬▬ ▬▬ 六二	巳日	丑·官
應	▬▬▬▬▬ 初九	鞏革	卯·孫

〈상세해설은 주역통 500page〉

혁은 이일에 내부하고 원형하니라. 이정이니 회망하니라.

革은 己日에 乃孚하고 元亨하니라. 利貞이니 悔亡하니라.

제삿날에 죄인에게 벌을 준다. 큰 제사를 지낼 만하다. 이로우니 후회가 없으리라.

초구는 공용황우지혁하도다.

初九는 鞏用黃牛之革하도다.

정벌에 나가기 위해 말안장을 단단한 황소가죽으로 매었으니 길하다. (혁지함革之咸, 澤山咸·31번)

49번째
혁괘
澤火革

육이는 이일을 내혁지하고 정하면 길하여 무구리라.

六二는 己日을 乃革之하고 征하면 吉하여 无咎리라.

제삿날을 바꾼다. 정벌하는 것은 길하여 허물이 없으리라. (혁지쾌革之夬, 澤天夬·43번)

구삼은 정하면 흉하니 정은 려하도다. 혁언을 삼
취서 유부하도다.

九三은 征하면 凶하니 貞은 厲하도다. 革言을 三
就서 有孚하도다.

정벌하는 것은 흉하니 위태하리라. 말을 바꾼 죄인에게 들판, 조정, 시장의 세 곳에서 벌을 준다. (혁지수革之隨, 澤雷隨·17번)

구사는 회망이니 유부를 개명하면 길하리라.

九四는 悔亡이니 有孚를 改命하면 吉하리라.

후회가 없다. 벌을 집행하는 명령을 바꾼 군자는 길하리라. (혁지기제革之旣濟, 水火旣濟·63번)

구오는 대인이 호변이니 미점이라도 유부니라.

九五는 大人이 虎變이니 未占이라도 有孚니라.

정벌을 하는 지휘관의 모습이 호랑이같이 용맹하다. 점을 치지 않아도 벌을 받는 것을 알 수 있으리라. (혁지풍革之豊, 雷火豊·55번)

상육의 군자는 표변이요 소인은 혁면이니 정하면 흉하고 거의 정은 길하도.

上六의 君子는 豹變이요 小人은 革面이니 征하면 凶하고 居의 貞은 吉하도.

정벌하는 지휘관의 모습은 표범처럼 용감하나, 병사들은 두려움으로 얼굴이 변한다. 정벌은 흉하나, 머무름은 길하리라. (혁지동인革之同人, 天火同人·13번)

49번괘
혁괘
澤火革

정괘鼎卦 _{화풍정火風鼎 50번괘}

솥에 있는 음식을 먹는 것을 통하여 공후의 길흉을 설명했다.

身	━━━ 上九	玉鉉	巳·比
應	━ ━ 六五	金鉉	未·孫
	━━━ 九四	折足	酉·財
命	━━━ 九三	耳革	酉·財
世	━━━ 九二	鼎實	亥·官
	━ ━ 初六	鼎顚	丑·孫(卯·印)

〈상세해설은 주역통 510page〉

정은 원길하리라. 형하니라.

鼎은 元吉하리라. 亨하니라.

크게 길하리라. 제사를 지낸다.

초육은 정전지로 이출비로다. 득첩이기자니 무구리라.

初六은 鼎顚趾로 利出否로다. 得妾以其子니 无咎리라.

솥발을 엎어 더러운 것을 버리듯 잘못하는 부인을 쫓아냈다. 부인을 쫓아내고 첩과 첩의 자식을 얻으니 허물이 없으리라. (정지대유卦之大有, 火天大有·14번)

50번괘
정괘
火風鼎

구이는 정유실이나 아구는 유질로 불아능즉하니 길하리라.

九二는 鼎有實이나 我仇는 有疾로 不我能卽하니 吉하리라.

솥에 음식이 있는데, 내친 부인이 병이 들어 나와 함께 먹지 못한다. 나 혼자 솥의 음식을 편안히 먹을 수 있으니 길하리라. (정지려鼎之旅, 火山旅·56번)

구삼은 정이혁이니 기행색이요 치고불식이라. 방우이면 휴로 회하나 종길하리라.

九三은 鼎耳革이니 其行塞이요 雉膏不食이라. 方雨이면 虧로 悔하나 終吉하리라.

솥이 뜨겁게 변해 옮기기 어려워 솥 안에 있는 꿩고기를 먹지 못한다. 비가 오니 솥의 꿩고기가 훼손되어 후회가 있으나, 비가 솥을 식혀 옮길 수 있고 고기는 다시 만들 수 있으니 끝은 길하리라. (정지미제鼎之未濟, 火水未濟·64번)

구사는 정이 절족하여 복공속하도다. 기형(옥)이니 흉하리라.

九四는 鼎이 折足하여 覆公餗하도다. 其形(剭)이니 凶하리라.

솥발이 부러져 음식을 바치는 사람이 공후가 먹을 음식을 뒤엎는다. 음식을 바치는 사람이 중한 형벌을 받으니 흉하리라. (정지고鼎之蠱, 山風蠱·18번)

육오는 정이 황이에 금현이니 이한 정이로다.

六五는 鼎이 黃耳에 金鉉이니 利한 貞이로다.

솥이 뜨거워도 옮기는 데 문제가 없게 솥귀고리를 누런 황동으로 치장하였다. 귀한 솥의 상이니 이로우리라. (정지구鼎之姤, 天風姤·44번)

상구는 정이 옥현이니 대길하고 무불리하니라.
上九는 鼎이 玉鉉이니 大吉하고 无不利하니라.

솥귀고리가 옥이니 솥의 뜨거움이 전해지지 않아 옮기기에 아주 좋다. 옥을 달은 귀한 보물 솥이니 크게 길하여 불리함이 없으리라.
(정지항鼎之恒, 雷風恒·32번)

50번괘
정괘
火風鼎

진괘震卦 중뢰진重雷震 51번괘

벼락이 칠 때 일어난 일들의 길흉을 설명했다.

世	▬▬ 上六	索索	戌·財
身	▬▬ 六五	往來	申·官
	━━ 九四	遂泥	午·孫
應	▬▬ 六三	疏疏	辰·財
命	▬▬ 六二	來厲	寅·比
	━━ 初九	虩虩	子·印

〈상세해설은 주역통 520page〉

진은 형하니라. 진경백리에 불상시창하느니라.
震은 亨하니라. 震驚百里에 不喪匕鬯하느니라.

제사를 지낼 만하다. 요란한 벼락소리가 백리까지 들릴 정도로 사람을 놀라게 하나, 술을 푸는 국자와 올리는 향주를 놓지 않고 정성스런 마음으로 제사를 지내리라.

초구는 진래혁혁하고 후소언액액하니 길하리라.
初九는 震來虩虩하고 後笑言啞啞하니 吉하리라.

벼락이 치니 처음엔 놀라고 두려워하나 후에는 웃으니 길하리라.
(진지예震之豫, 雷地豫·16번)

51번괘
진래
重雷震

육이는 진래니 려하도다. 억상패하야 제우구릉이니 물축하면 칠일에 득하리라.
六二는 震來니 厲하도다. 億喪貝하야 躋于九陵이니 勿逐하면 七日에 得하리라.

벼락이 치는 위태한 처지에 있다. 높은 언덕으로 벼락을 피해 올라가면서 재물을 잃는다. 잃은 재물을 찾지 않아도 칠일 정도가 되면 되찾게 되리라. (진지귀매震之歸妹, 雷澤歸妹·54번)

육삼은 진이 (소소)하니 진행이라도 무생하리라.
六三은 震이 (疏疏)하니 震行이라도 无眚하리라.

벼락이 점점 약해진다. 벼락이 오고 있지만 재앙은 없으리라. (진지풍震之豊, 雷火豊·55번)

구사는 진이 수니라.
九四는 震이 遂泥라.

벼락이 진흙에 떨어지니 아무런 영향이 없다. (진지복震之復, 地雷復·24번)

육오는 진이 왕래하여 여하니 억무상이나 유사리라.
六五는 震이 往來하여 厲하니 億无喪이나 有事리라.

벼락이 오가니 위태하다. 벼락 때문에 잃는 것은 없지만 사고는 있으리라. (진지수震之隨, 澤雷隨·17번)

상육은 진이 삭삭하여 시확확이니 정은 흉하리라. 진이 불우기(躬)이요 우기린이니 무구리라. 혼구는 유언이리라.

上六은 震이 索索하여 視矍矍이니 征은 凶하리라. 震이 不于其(躬)이요 于其隣이니 无咎리라. 婚媾는 有言이리라.

벼락이 주변에 넓게 흩어지니 놀라서 바라본다. 두려움 속에서 나가는 것은 흉하리라. 벼락이 그 몸에 떨어지지 않고 이웃에 떨어지니 허물은 없으리라. 결혼에는 문제가 있으리라. (진지서합震之噬嗑, 火雷噬嗑·21번)

51번괘
진괘
重雷震

간괘艮卦 _{중산간重山艮 52번괘}

몸의 각 부분을 보는 것을 통하여 길흉을 설명했다.

世·命	▬▬▬ 上九	敦艮	寅·官
	▬ ▬ 六五	艮輔	子·財
	▬ ▬ 六四	艮身	戌·比
應·身	▬▬▬ 九三	艮限	申·孫
	▬ ▬ 六二	艮腓	午·印
	▬ ▬ 初六	艮趾	辰·比

〈상세해설은 주역통 528page〉

(간)은 간기배에 불획기신이요 행기정에 불견기인이라.

(艮)은 艮其背에 不獲其身이요 行其庭에 不見其人이라.

등만을 보다가 그 몸 전체를 잡지 못한다. 뜰을 거닐어도 그 사람을 보지 못한다. 전체를 잡지 못하고 보지 못한다.

초육은 간기지하니 무구하고 이영정하니라.

初六은 艮其趾하니 无咎하고 利永貞하니라.

발을 본다. 발이 건강하니 허물이 없고, 앞으로 오랜 기간 이로우리라. (간지비艮之賁, 山火賁·22번)

52번괘
간괘
重山艮

육이는 간기비하니 부증기수로 기심이 불쾌하도다.

六二는 艮其腓하니 不拯其隨로 其心이 不快하도다.

장딴지를 보니 살이 찌지 않았다. 장딴지가 튼튼하지 못하니 마음이 불쾌하다. (간지고艮之蠱, 山風蠱·18번)

구삼은 간기한하니 열기인으로 여하고 훈심이로다.
九三은 艮其限하니 列其夤으로 厲하고 薰心이로다.

허리를 보니 등살이 찢어지는 상처가 있다. 위태한 상황이고 정신이 흐릿하고 어지럽다. (간지박艮之剝, 山地剝·23번)

육사는 간기신이니 무구리라.
六四는 艮其身이니 无咎리라.

상반신을 보니 건강하다. 허물이 없으리라. (간지려艮之旅, 火山旅·56번)

육오는 간기보하니 언유서로 회망하리라.
六五는 艮其輔하니 言有序로 悔亡하리라.

말하는 뺨을 본다. 말을 신중히 하여 순서와 조리가 있으니 후회할 일이 없으리라. (간지점艮之漸, 風山漸·53번)

상구는 돈간이니 길하리라.
上九는 敦艮이니 吉하리라.

도탑고 성실하게 보니 하는 일에 실수가 없다. 길하리라. (간지겸艮之謙, 地山謙·15번)

52번괘
간괘
重山艮

점괘漸卦 풍산점風山漸 53번괘

큰 기러기가 나아가는 것을 통하여 여자가 가정을 이루는 길흉을 설명했다.

應·命	▬▬▬ 上九	可儀	卯·官
	▬ ▬ 九五	終勝	巳·印(子·財)
	▬ ▬ 六四	漸木	未·比
世·身	▬▬▬ 九三	夫征	申·孫
	▬ ▬ 六二	漸坂	午·印
	▬ ▬ 初六	漸干	辰·比

〈상세해설은 주역통 538page〉

점은 여귀이면 길하여 이정이로다.
漸은 女歸이면 吉하여 利貞이로다.

여자가 시집가면 길하고, 이로우리라.

초육은 홍점우간이로다. 소자가 려하니 유언이면 무구리라.
初六은 鴻漸于干이로다. 小子가 厲하니 有言이면 无咎리라.

큰 기러기가 물가로 나아간다. 아이가 물에 빠질 수 있어 위태다. 아이에게 물가로 나가는 것에 대한 꾸짖음이 있으면 허물이 없으리라. (점지가인漸之家人, 風火家人·37번)

53번괘
점괘
風山漸

육이는 홍점우(판)이로다. 음식에 간간하니 길하리라.
六二는 鴻漸于(坂)이로다. 飮食에 衎衎하니 吉하리라.

큰 기러기가 물가 언덕으로 나아가 즐겁게 먹으니 길하리라. (점지손漸之巽, 重風巽·57번)

-- 六·老陰·動爻 219

구삼은 홍점우륙이로다. 부정하여 불복이고 부잉하나 불육이니 흉하리라. 이어구하니라.

九三은 鴻漸于陸이로다. 夫征하여 不復이고 婦孕하나 不育이니 凶하리라. 利禦寇하니라.

큰 기러기가 높은 평지로 나아간다. 도적을 정벌하러 나간 남편은 돌아오지 않고, 부인이 유산하니 흉하다. 도적을 막는 것이 이로우리라. (점지관漸之觀, 風地觀·20번)

육사는 홍점우목이로다. 혹득기각이면 무구리라.

六四는 鴻漸于木이로다. 或得其桷이면 无咎리라.

큰 기러기가 나뭇가지로 나아간다. 혹 여자가 집을 짓기 위한 서까래를 얻으면 허물이 없으리라. (점지둔漸之遯, 天山遯·33번)

구오는 홍점우릉이로다. 부는 삼세간 불잉이나 종막지승이니 길하리라.

九五는 鴻漸于陵이로다. 婦는 三歲간 不孕이나 終莫之勝이니 吉하리라.

큰 기러기가 언덕으로 나아간다. 부인이 삼년간 임신을 못했으나 결국 임신하게 되니 길하리라. (점지간漸之艮, 重山艮 52번)

상구는 홍점우륙이로다. 기우를 가용위의이니 길하리라.

上九는 鴻漸于陸이로다. 其羽를 可用爲儀이니 吉하리라.

큰 기러기가 큰 언덕으로 나아간다. 큰 기러기의 깃털을 춤출 때 사용하는 장식으로 쓸 수 있다. 여자가 가정을 이루고 춤출 수 있으니 길하리라. (점지건漸之蹇, 水山蹇·39번)

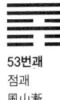

53번째
점괘
風山漸

귀매괘歸妹卦

뇌택귀매雷澤歸妹 54번괘

제을이 딸을 시집보내는 일에 대한 길흉을 설명했다.

應	▬▬ ▬▬	上六	无實	戌·印
命	▬▬ ▬▬	六五	歸妹	申·比
	▬▬▬▬	九四	愆期	午·官(亥·孫)
世	▬▬ ▬▬	六三	反歸	丑·印
身	▬▬▬▬	九二	眇視	卯·財
	▬▬▬▬	初九	跛履	巳·官

〈상세해설은 주역통 548page〉

귀매는 정하면 흉하고 무유리하니라.
歸妹는 征하면 凶하고 无攸利하니라.

결혼이 흉하고 이로울 게 없으리라.

초구는 귀매이제니 파능리라. 정하면 길하리라.
初九는 歸妹以娣니 跛能履라. 征하면 吉하리라.

딸이 시집을 가는데 데리고 가는 첩인 잉첩과 같이 간다. 절름발이가 걸을 수 있는 것과 같으니 결혼을 하는 것이 길하리라. (귀매지해 歸妹之解, 雷水解·40번)

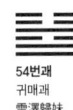

54번괘
귀매괘
雷澤歸妹

구이는 묘능시니 이유인지정하니라.
九二는 眇能視니 利幽人之貞하니라.

시집을 가는 것은 애꾸눈이 보게 되는 것과 같이 좋다. 옥에 갇혀 있는 사람이 이롭듯 시집을 가는 것은 이로우리라. (귀매지진歸妹之震之震, 重雷震 51번)

육삼은 귀매이(유)나 반귀이제로다.
六三은 歸妹以(嬬)나 反歸以娣로다.

잉첩을 데리고 왕인 제을(帝乙)의 딸이 시집을 갔으나, 잉첩과 함께 친정으로 쫓겨 온다. 좋을 리 없다. (귀매지대장歸妹之大壯, 雷天大壯·34번)

― 七·少陽 223

구사는 귀매건기니 지귀는 유시로다.
九四는 歸妹愆期니 遲歸는 有時로다.

딸이 시집을 간 후 쫓겨 와 다시 시집으로 돌아가는 것을 미루고 있다. 늦게 시집으로 돌아가는 이유는 때를 기다리고 있기 때문이다. 돌아갈 시기를 놓쳤으니 흉하다. (귀매지림歸妹之臨, 地澤臨·19번)

육오는 제을귀매니 기군지메가 불여기제지메량이라. 월기망이면 길하리라.
六五는 帝乙歸妹니 其君之袂가 不如其娣之袂良이라. 月幾望이면 吉하리라.

상(商)나라 왕인 제을(帝乙)이 자신의 딸을 주(周)나라의 문왕(文王)에게 시집보낸다. 시집을 가는 딸의 미모가 결혼에 따라가는 잉첩의 미모보다 못하다. 보름이 지나 딸을 결혼시키면 길하리라. (귀매지태 歸妹之兌, 重澤兌·58번)

상육의 여는 승광무실이며 사는 규양무혈이니 무유리하니라.

上六의 女는 承筐无實이며 士는 刲羊无血이니 无攸利하니라.

결혼식의 신부가 바치는 광주리에 과일이 없고, 신랑은 결혼의 맹세를 위해 양을 찔렀으나 피가 안 나온다. 결혼에 이로울 게 없으리라.
(귀매지규歸妹之睽, 火澤睽·38번)

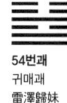

54번괘
귀매괘
雷澤歸妹

풍괘豐卦 뇌화풍雷火豐 55번괘

큰 돛자리인 해가리개를 통하여 상나라로 가는 나그네의 길흉을 설명했다.

命	▬ ▬ 上六	豐屋	戌·官
世	▬ ▬ 六五	來章	申·印
	▬▬ 九四	遇宝	午·財
身	▬▬ 九三	見沫	亥·比
應	▬ ▬ 六二	見斗	丑·官
	▬▬ 初九	遇主	卯·孫

〈상세해설은 주역통 558page〉

풍은 형하니라. 왕격지하니 물우로다. 의일중이니라.

豐은 亨하니라. 王假之하니 勿憂로다. 宜日中이니라.

나라의 근심을 해결하기 위해 제사를 지낸다. 왕이 제사를 드리는 곳에 오니 염려하지 않아도 된다. 한낮에 제사를 지내는 것이 마땅하리라.

초구는 우기배주로 (유)순에 무구니 왕하면 유상이로다.

初九는 遇其配主로 (唯)旬에 无咎니 往하면 有尙이로다.

55번괘
풍괘
雷火豐

나그네가 가는 도중 기숙할 곳의 여주인을 만난다. 앞으로 10일 동안은 허물이 없으며 길을 떠나면 좋은 결과가 있으리라. (풍지소과 豐之小過, 雷山小過·62번)

육이는 풍기부에 일중견두라. 왕에 득의질은 유부니 발약이면 길하리라.

六二는 豐其蔀에 日中見斗라. 往에 得疑疾은 有孚니 發若이면 吉하리라.

큰 해가리개 아래에 있는 나그네가 한낮에 볼 수 없는 북두성을 본다. 무엇에 홀려 마음이 어지러운 병을 얻은 것은 귀신의 벌을 받았기 때문이다. 질병을 다스리면 여행에 길하리라. (풍지대장 豐之大壯, 雷天大壯·34번)

구삼은 풍기(패)에 일중견매라. 절기우굉이나 무구리라.

九三은 豐其(芾)에 日中見沬라. 折其右肱이나 无咎리라.

큰 장막 아래에 있는 나그네가 한낮에 도깨비를 본다. 도깨비를 보고 넘어져 오른쪽 팔이 부러졌다. 그러나 여행을 계속할 수 있으니 허물은 없으리라. (풍지진豐之震, 重雷震 51번)

구사는 풍기부에 일중견두라. 우기이(주)니 길하리라.

九四는 豐其斾에 日中見斗라. 遇其夷(主)니 吉하리라.

큰 해가리개 아래에 있는 나그네가 한낮에 볼 수 없는 북두성을 본다. 항상 기숙했던 곳의 주인을 만난다. 마음이 어지러운 병을 고치니 길하리라. (풍지명이豐之明夷, 地火明夷·36번)

육오는 내장에 유경예니 길하리라.

六五는 來章에 有慶譽니 吉하리라.

상(商)나라에 온 나그네가 상을 받고 명예도 있다. 길하리라. (풍지혁 豐之革, 澤火革·49번)

상육은 풍기옥에 부기가요 (규)기호에 격기무인이라. 삼세간 부적이니 흉하리라.

上六은 豐其屋에 蔀其家요 (闚)其戶에 闃其无人이라. 三歲간 不覿이니 凶하리라.

집은 크고, 그 집을 돗자리인 해가리개로 가렸다. 작은 문에 드나드는 사람이 없다. 집을 나갔던 나그네가 돌아오지 않아 오랫동안 사람을 볼 수 없으니 흉하리라. (풍지리豐之離, 重火離·30번)

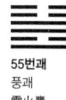

55번괘
풍괘
雷火豐

여괘旅卦 화산려火山旅 56번째

왕해의 고사를 통하여 나그네의 길흉을 설명했다.

	── 上九	焚巢	巳·比
身	▬▬ 六五	射雉	未·孫
應	── 九四	旅處	酉·財
	── 九三	旅焚	申·財(亥·官)
命	▬▬ 六二	懷資	午·比
世	▬▬ 初六	瑣瑣	辰·孫

〈상세해설은 주역통 568page〉

여는 소형하니라. 여의 정은 길하도다.
旅는 小亨하니라. 旅의 貞은 吉하도다.

작은 제사를 지낸다. 나그네의 여행은 길하리라.

초육은 여쇄쇄(차)기소하니 취재니라.
初六은 旅瑣瑣(此)其所하니 取災니라.

나그네가 여행 중 기숙하던 장소에 대한 의심이 들어 떠난다. 여행 중 재앙을 만나게 되리라. (여지이旅之離, 重火離·30번)

56번괘
여괘
火山旅

육이는 여즉차하여 회기자에 득동복이니 정은 (길)하도다.
六二는 旅卽次하여 懷其資에 得童僕이니 貞은 (吉)하도다.

나그네가 숙소에 들어 재물과 어린 사내종을 얻으니 길하리라. (여지정旅之鼎, 火風鼎·50번)

-- 八·少陰　231

구삼은 여분기차에 상기동복하니 정은 려하도다.

九三은 旅焚其次에 喪其童僕하니 貞은 厲하도다.

나그네의 거처가 불타고 어린 사내종이 도망갔으니 위태하리라. (여지진旅之晉, 火地晉·35번)

구사는 여우처하고 득기자부이나 아심이 불쾌로다.

九四는 旅于處하고 得其資斧이나 我心이 不快로다.

나그네가 일시적으로 만든 거처에 든다. 재물과 돈을 얻었지만 마음은 불쾌하다. (여지간旅之艮, 重山艮·52번)

육오는 석치에 일시망으로 종이예명이리라.

六五는 射雉에 一矢亡으로 終以譽命이리라.

나그네가 화살 하나로 꿩을 명중시켜 잡는다. 끝에 가서는 명예와 이름을 얻으리라. (여지둔旅之遯, 天山遯·33번)

상구는 조분기소이니 여인이 선소하고 후호도라.
상우우역하니 흉하리라.

上九는 鳥焚其巢이니 旅人이 先笑하고 後號咷라.
喪牛于易하니 凶하리라.

새가 둥지를 태우듯 나그네의 거처를 태운다. 나그네는 먼저는 웃었으나 나중엔 울부짖는다. 유역의 왕에게 소를 뺏기니 흉하리라. (여지소과旅之小過, 雷山小過·62번)

56번괘
여괘
火山旅

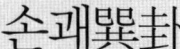

손괘巽卦 _{중풍손重風巽 57번괘}

중풍손重風巽 57번괘

상 아래 엎드린 무인을 통하여 출정의 길흉을 설명했다.

世	▅▅ 上九	喪資	卯·比
	▬ ▬ 九五	有終	巳·孫
身	▅▅ 六四	田獲	未·財
應	▅▅ 九三	頻巽	酉·官
	▬ ▬ 九二	巽牀	亥·印
命	▬ ▬ 初六	進退	丑·財

〈상세해설은 주역통 578page〉

태는 형하며 이정이로다.

兌는 亨하며 利貞이로다.

제사를 지낼 만하고, 이로우리라.

초구는 화태니 길하리라.

初九는 和兌니 吉하리라.

화목하게 말하니 길하리라. (태지곤兌之困, 澤水困·47번)

구이는 부태니 길하고 회망하리라.

九二는 孚兌니 吉하고 悔亡하리라.

믿음으로 말하니 길하고 후회가 없으리라. (태지수兌之隨, 澤雷隨·17번)

58번괘
태괘
重澤兌

육삼은 내태니 흉하리라.

六三은 來兌니 凶하리라.

와서 많은 말을 하니 흉하리라. (태지쾌兌之夬, 澤天夬·43번)

구사는 상태이나 미령하도다. 개질은 유희리라.
九四는 商兌이나 未寧하도다. 介疾은 有喜리라.

상담을 했으나 시원한 결과가 없다. 가벼운 옴병은 치료되는 기쁨이 있으리라. (태지절兌之節, 水澤節·60번)

구오는 부우박이니 유려하리라.
九五는 孚于剝이니 有厲하리라.

망한 곳에서 박탈한다. 보복을 당할 수 있으니 위태하리라. (태지귀매兌之歸妹, 雷澤歸妹·54번)

상육은 인태로다.
上六은 引兌로다.

상대방이 이끌어 내가 말을 한다. 경계해야 한다. (태지리兌之履, 天澤履·10번)

58번괘
태괘
重澤兌

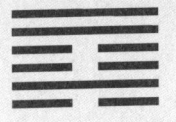

환괘渙卦 풍수환風水渙 59번괘

홍수로 인해 일어나는 일들의 길흉을 설명했다.

身	▬▬▬ 上九	渙血	卯·印
世	▬▬▬ 九五	渙汗	巳·比
	▬ ▬ 六四	渙羣	未·孫(酉·財)
命	▬ ▬ 六三	渙躬	午·比(亥·官)
應	▬▬▬ 九二	渙尻	辰·孫
	▬ ▬ 初六	馬壯	寅·印

〈상세해설은 주역통 592page〉

환은 형에 왕격유묘며 이섭대천이며 이정이로다.

渙은 亨에 王假有廟며 利涉大川이며 利貞이로다.

홍수를 만나 올리는 제사에 참석하기 위해 왕이 사당에 온다. 큰 강을 건너 피하는 것이 이롭다. 홍수에 대한 일은 이로우리라.

초육은 용증마가 장하니 길하리라.

初六은 用拯馬가 壯하니 吉하리라.

홍수를 피해 타고 갈 말이 건장하니 길하리라. (환지중부渙之中孚, 風澤中孚·61번)

59번괘
환괘
風水渙

구이는 환이 (주)기(거)이나 회망하리라.

九二는 渙이 (走)其(尻)이나 悔亡하리라.

홍수가 거처를 지나간다. 피해가 없으니 후회할 일은 없으리라. (환지관渙之觀, 風地觀·20번)

육삼은 환이 기(궁)이나 무(구)리라.

六三은 渙이 其(躬)이나 无(咎)리라.

홍수가 내 몸 가까이 흘러간다. 피해가 없으니 허물이 없으리라. (환지손渙之巽, 重風巽·57번)

육사는 환이 기군이나 원길이라. 환이 유구는 (비)이소사리라.

六四는 渙이 其羣이나 元吉이라. 渙이 有丘는 (非)夷所思리라.

홍수가 많은 사람들이 사는 언덕까지 왔으나 피해가 없으니 크게 길하리라. 홍수가 높은 언덕까지 덮치는 것은 일어날 수 없는 일이리라. (환지송渙之訟, 天水訟·6번)

구오는 환기한이요 대호라. 환이 왕거이나 무구리라.

九五는 渙其汗이요 大號라. 渙이 王居이나 无咎리라.

놀란 사람들이 땀을 비오듯 흘리며 크게 소리를 지른다. 홍수가 왕의 거처까지 왔으나 피신을 하니 허물은 없으리라. (환지몽渙之蒙, 山水蒙·4번)

상구는 환기혈이니 거하여 적출이면 무구리라.

上九는 渙其血이니 去하여 逖出이면 无咎리라.

홍수에 피해를 당해 피를 흘린다. 그곳에서 나와 멀리 가면 허물이 없으리라. (환지감渙之坎, 重水坎·29번)

59번괘
환괘
風水渙

절괘節卦 수택절水澤節 60번괘

절제의 길흉을 설명했다.

身	▬▬ 上六	苦節	子·比
	▬▬▬ 九五	甘節	戌·官
應	▬▬ 六四	安節	申·印
命	▬▬ 六三	不節	丑·官
	▬▬▬ 九二	門庭	卯·孫
世	▬▬▬ 初九	戶庭	巳·財

〈상세해설은 주역통 600page〉

절은 형하나라. 고절이니 불가정이로다.

節은 亨하나라. 苦節이니 不可貞이로다.

제사를 지낼 만하다. 절제를 고통스럽게 여기니 불가하리라.

초구는 불출호정이니 무구리라.

初九는 不出戶庭이니 无咎리라.

안뜰에서 나가지 않고 스스로 절제하니 허물이 없으리라. (절지감節之坎, 重水坎·29번)

60번괘
절괘
水澤節

구이는 불출문정이니 흉하리라.

九二는 不出門庭이니 凶하리라.

마땅히 절제함을 끝내고 집 밖으로 나가야 할 때임에도 바깥뜰에 머물러 있으니 흉하리라. (절지준節之屯, 水雷屯·3번)

육삼은 부절약으로 즉차약하도다.

六三은 不節若으로 則嗟若하도다.

절제하지 못해 탄식하게 되니 누구를 탓하겠는가? (절지수節之需, 水天需·5번)

八 · 少陰

육사는 안절이며 형하니라.

六四는 安節이며 亨하니라.

편안하게 절제하니 길다. 제사를 지낼 만하다. (절지태節之兌, 重澤兌·58번)

구오는 감절로 길하며 왕하면 유상이로다.

九五는 甘節로 吉하며 往하면 有尙이로다.

달게 절제하니 길하며, 가면 상이 있으리라. (절지림節之臨, 地澤臨·19번)

상육은 고절이니 정은 흉하도다.

上六은 苦節이니 貞은 凶하도다.

절제를 고통스럽게 여기니 흉하리라. (절지중부節之中孚, 風澤中孚·61번)

60번괘
절괘
水澤節

중부괘中孚卦 <small>풍택중부風澤中孚 61번괘</small>

전쟁에서 포로를 잡는 것의 길흉을 설명했다.

	▅▅▅ 上六	登天	卯·官
命	▅▅▅ 九五	攣如	巳·印(子·財)
世	▅ ▅ 六四	馬亡	未·比
	▅ ▅ 六三	得敵	丑·比(申·孫)
身	▅▅▅ 九二	鳴鶴	卯·官
應	▅▅▅ 初九	虞吉	巳·印

〈상세해설은 주역통 608page〉

(중부)는 중부돈어니 길하고 이섭대천하며 이정이로다.

(中孚)는 中孚豚魚니 吉하고 利涉大川하며 利貞이로다.

강에 떠 있는 복어를 명중시키듯 전쟁에서 포로를 잡는다. 적을 공격하기 위해 나가는 것이 이로우리라.

초구는 우길이나 유타면 불연이니라.

初九는 虞吉이나 有它면 不燕이니라.

즐겁고 길하나, 우환이 있으면 편안치 못하리라. (중부지환中孚之渙, 風水渙·59번)

61번괘
중부괘
風澤中孚

구이는 명학재음하니 기자화지라. 아유호작이니 오여이미지하니라.

九二는 鳴鶴在陰하니 其子和之라. 我有好爵이니 吾與爾靡之하니라.

학이 숲 그늘에서 우니 그 짝이 응답하네. 나에게 좋은 술잔이 있어 너와 함께 마시네. 전쟁에서 잡은 포로와 정을 나누니 보기 좋은 광경이다. (중부지익中孚之益, 風雷益·42번)

육삼은 득적에 혹고혹파하며 혹읍혹가하도다.

六三은 得敵에 或鼓或罷하며 或泣或歌하도다.

전쟁에서 적을 잡은 후 군사들의 상태가 제각각이다. 누구는 북을 치기도 하고 지쳐 있기도 하며, 울기도 하며, 노래를 부르기도 한다. (중부지소축中孚之小畜, 風天小畜·9번)

육사는 월기망에 마필망이니 무구리라.

六四는 月幾望에 馬匹亡이니 无咎리라.

보름이 지나 말들이 도망쳤다. 전쟁이 끝나고 포로를 잡은 상태이니 허물은 없으리라. (중부지리中孚之履, 天澤履·10번)

구오는 유부련여하니 무구리라.

九五는 有孚攣如하니 无咎리라.

전쟁에서 잡은 포로들을 꽁꽁 묶어 놓았으니 도망칠 수 없다. 포로를 놓치지 않으니 허물이 없으리라. (중부지손中孚之損, 山澤損·41번)

상구는 한음이 등우천하니 정은 흉하도다.

上九는 翰音이 登于天하니 貞은 凶하도다.

닭이 하늘로 날아가 버렸다. 제사에 쓰는 닭이 없어졌으니 점은 흉하리라. (중부지절中孚之節, 水澤節·60번)

61번괘
중부괘
風澤中孚

소과괘小過卦 뇌산소과雷山小過 62번괘

날아가는 새를 통하여 가는 것의 길흉을 설명했다.

	上六	災眚	戌·印
	六五	密雲	申·比
世·命	九四	遇之	午·官
	九三	防之	申·比
	六二	過祖	午·官(卯·財)
應·身	初六	飛鳥	辰·印

〈상세해설은 주역통 616page〉

소과는 형하며 이정이로다. 가소사며 불가대사이니 비조유지음은 불의상이요 의하는 대길하리라.

小過는 亨하며 利貞이로다. 可小事며 不可大事이니 飛鳥遺之音은 不宜上이요 宜下는 大吉하리라.

제사를 지낼 만하다. 이로우나, 작은 일만 할 수 있고 큰 일은 할 수 없다. 나는 새가 소리를 내며 높이 나는 것은 마땅하지 않고, 낮게 나는 것은 크게 길하리라.

초육의 비조는 이흉하리라.

初六의 飛鳥는 以凶하리라.

낮게 날아야 할 새가 너무 높이 나니 흉하리라. (소과지풍小過之豊, 雷火豊·55번)

62번괘
소과괘
雷山小過

육이는 과기조하여 우기비요 불급기군하여 우기신이니 무구리라.

六二는 過其祖하여 遇其妣요 不及其君하여 遇其臣이니 无咎리라.

할아버지를 지나쳐서 할머니를 만난다. 왕에게 미치지 못하니 신하를 만난다. 높게 가지 않고 낮게 가며, 큰 일 대신 작은 일을 이루려 하니 허물이 없으리라. (소과지항小過之恒, 雷風恒·32번)

구삼은 불과하고 방지라. 종혹이면 장지이니 흉하리라.

九三은 弗過하고 防之라. 從或이면 戕之이니 凶하리라.

뒤를 따라가지 말고 방비를 한다. 따라가면 상처를 당하니 흉하리라. (소과지예小過之豫, 雷地豫·16번)

구사는 무구니 불과하고 우지라. 왕이면 려하니 필계며 물용영정이로다.

九四는 无咎니 弗過하고 遇之라. 往이면 厲하니 必戒며 勿用永貞이로다.

현재의 상태는 허물이 없다. 가지 않고 기다린다. 행동하지 말고 그대로 유지해야 하고, 가면 위태하니 필히 경계하여야 한다. 앞으로 오랜 기간 변화를 갖지 말라. (소과지겸小過之謙, 地山謙·15번)

육오의 밀운불우는 자아서교라. 공이 익취피재혈이로다.

六五는 密雲不雨는 自我西郊라. 公이 弋取彼在穴이로다.

비는 오지 않으나 짙은 구름이 있으니 좋은 징조다. 비를 머금은 먹장구름이 서쪽 벌판으로부터 밀려오고 있다. 공경이 주살을 이용하여 굴 속에 새를 잡는다. (소과지함小過之咸, 澤山咸·31번)

상육은 불우하고 과지라. 비조는 리지로 흉하니 시위재생이라.

上六은 弗遇하고 過之라. 飛鳥는 離之로 凶하니 是謂災眚이라.

62번괘
소과괘
雷山小過

가지 말고 기다려라. 가지 말고 날지 말아야 할 새가 높이 날면 그물에 걸리니 이를 재앙이라 한다. (소과지려小過之旅, 火山旅·56번)

기제괘既濟卦 수화기제水火旣濟 63번괘

강을 이미 건넌 것을 통하여 고종의 귀방정벌에 대한 길흉을 설명했다.

應·身	▬▬ ▬▬ 上六	濡首	子·比
	▬▬▬▬ 九五	殺牛	戌·官
	▬▬ ▬▬ 六四	繻衣	申·印
世·命	▬▬▬▬ 九三	高宗	亥·比(午·財)
	▬▬ ▬▬ 六二	喪茀	丑·官
	▬▬▬▬ 初九	曳輪	卯·孫

〈상세해설은 주역통 626page〉

기제는 형소하니라. 이정이나 초길하고 종란하니라.
旣濟는 亨小하니라. 利貞이나 初吉하고 終亂하니라.

검소한 제사를 드릴 만하다. 앞으로 이로우나 처음은 길하고 끝은 어지러우리라.

초구는 예기(륜)에 유기미니 무구리라.
初九는 曳其(綸)에 濡其尾니 无咎리라.

몸 앞에 장식한 띠는 위로 당겨 젖지 않았으나 몸 뒤에 있는 장식은 강물에 적신다. 물이 깊지 않아 몸 뒤의 장식만을 적실 정도이니 허물이 없으리라. (기제지건旣濟之蹇, 水山蹇·39번)

63번괘
기제괘
水火旣濟

육이는 부상기불이니 물축이라도 칠일에 득하리라.
六二는 婦喪其茀이니 勿逐이라도 七日에 得하리라.

부인이 출출 때 쓰는 큰 보자기를 잃었다. 찾지 않아도 칠일이면 잃은 것을 찾을 수 있으리라. (기제지수旣濟之需, 水天需·5번)

구삼은 고종이 벌귀방하여 삼년에 극지니 소인은 물용이니라.

九三은 高宗이 伐鬼方하여 三年에 克之니 小人은 勿用이니라.

고종이 삼년 만에 귀방을 정복하였다. 전쟁에 참여했던 일반 무사들에게는 아무런 상도 없으리라. (기제지준旣濟之屯, 水雷屯·3번)

육사는 유유의녀니 종일을 계하나라.

六四는 繻有衣袽니 終日을 戒하나라.

강을 건너다 겨울 솜옷이 물에 젖는다. 하루 종일 옷을 말리면서 경계하고 조심하라. (기제지혁旣濟之革, 澤火革·49번)

구오의 동린살우(이제)는 불여서린지약제이니 실수기복으로 (길)하리라.

九五의 東隣殺牛(以祭)는 不如西隣之禴祭이니 實受其福으로 (吉)하리라.

동쪽 이웃은 소를 잡아 성대하게 제사를 지냈고, 서쪽 이웃은 간소한 제사를 올렸다. 정성을 다한 서쪽 이웃이 실제로 복을 받으니 길하리라. (기제지명이旣濟之明夷, 地火明夷·36번)

상육은 유기수니 여하니라.

上六은 濡其首니 厲하니라.

술에 머리를 적시니 바름을 잃었다. 벌을 받을 수 있으니 위태하리라. (기제지가인既濟之家人, 風火家人·37번)

63번괘
기제괘
水火旣濟

미제괘未濟卦

화수미제火水未濟 64번괘

건너기 어려운 강을 통하여 진의 귀방정벌에 대한 길흉을 설명했다.

應	▬▬	上九	飮酒	巳·比
	▬ ▬	六五	君子	未·孫
命	▬▬	九四	有賞	酉·財
世	▬ ▬	六三	未濟	午·比(亥·官)
	▬▬	九二	曳綸	辰·孫
身	▬ ▬	初六	濡尾	寅·印

〈상세해설은 주역통 636page〉

미제는 형하나라. 소호가 흘제에 유기미니 무유리 하나라.

未濟는 亨하나라. 小狐가 汔濟에 濡其尾니 无攸 利하나라.

제사를 드릴 만하다. 새끼 여우가 얕은 강을 건너다가 꼬리를 적신다. 이로울 게 없으리라.

초육은 유기미니 인하나라.

初六은 濡其尾니 吝하나라.

강을 건너다 몸 뒤의 장식물을 적시니 어려우리라. (미제지규未濟之睽, 火澤睽·38번)

64번괘
미제괘
火水未濟

구이는 예기(륜)하며 정은 길하여 (이섭대천)하나라.

九二는 曳其(綸)하며 貞은 吉하여 (利涉大川)하나라.

강을 건너며 몸에 한 장식물이 물에 젖지 않으니 길하다. 강을 건너는 것이 이로우리라. (미제지진未濟之晉, 火地晉·35번)

-- 八·少陰

육삼은 미제니 정은 흉하여 (불)이섭대천하니라.
六三은 未濟니 征은 凶하여 (不)利涉大川하니라.

강을 건너지 못하니 정벌하면 흉하다. 강을 건너는 것은 이롭지 않으리라. (미제지정未濟之鼎, 火風鼎·50번)

구사는 정은 길하고 회망하리라. 진용벌귀방하여 삼년에 유상우대국이로다.
九四는 貞은 吉하고 悔亡하리라. 震用伐鬼方하여 三年에 有賞于大國이로다.

길하고 후회가 없으리라. 주(周)나라의 진(震)이 귀방을 정벌하는 데 삼년이 걸렸다. 정벌의 공로로 상(商)나라로부터 상을 받는다. (미제지몽未濟之蒙, 山水蒙·4번)

육오는 정은 길하고 무회리라. 군자지광유부로 길하리라.
六五는 貞은 吉하고 无悔리라. 君子之光有孚로 吉하리라.

길하고 후회가 없으리라. 귀방을 정벌하면서 포로를 잡고 노획품이 있으니 군자의 영광이고, 길하리라. (미제지송未濟之訟, 天水訟·6번)

상구는 유부우음주는 무구이나 유기수는 유부실시니라.

上九는 有孚于飮酒는 无咎이나 濡其首는 有孚失是니라.

적당히 술을 먹고 가벼운 벌을 받는 것은 허물이 없으리라. 취하도록 마신 것은 바름을 잃은 것이니 큰 벌을 받으리라. (미제지해未濟之解, 雷水解·40번)

64번괘
미제괘
火水未濟

변할 효

천지수	영수	나머지 수	변할 효
55	54	1	①효
55	53	2	②효
55	52	3	③효
55	51	4	④효
55	50	5	⑤효
55	49	6	⑥효
55	48	7	⑥효
55	47	8	⑤효
55	46	9	④효

천지수	영수	나머지 수	변할 효
55	45	10	③효
55	44	11	②효
55	43	12	①효
55	42	13	①효
55	41	14	②효
55	40	15	③효
55	39	16	④효
55	38	17	⑤효
55	37	18	⑥효
55	36	19	⑥효

동전의 모양	구한 숫자	효 (동효여부)
세 개가 숫자	6 (노음수)	− − (동효)
한 개가 그림	7 (소양수)	───
한 개가 숫자	8 (소음수)	− −
세 개가 그림	9 (노양수)	─── (동효)

- **천지수** = 55
- **영수** = 동전으로 여섯 번 구한 숫자의 합
- **나머지 수** = 천지수 − 영수

나머지 수	변할 효
6, 7, 18, 19	⑥효
5, 8, 17	⑤효
4, 9, 16	④효
3, 10, 15	③효
2, 11, 14	②효
1, 12, 13	①효

동효가 여러 개일 경우 해석기준

- **동효가 없는 경우**
  - 점으로 얻은 괘인 본괘(本卦)의 괘사로 해석한다.

- **동효가 한 개인 경우**
  - 동효가 변할 효이면 본괘의 해당 동효로 해석한다.
  - 동효가 변할 효가 아니면 본괘의 괘사로 해석한다.
  - 변할 효인지의 여부를 떠나 본괘의 해당 동효나 본괘의 괘사로 해석하기도 한다.
  - 본괘의 동효·괘사를 해석할 때 지괘의 동효·괘사를 결합하여 해석하기도 한다.

- **동효가 두 개인 경우**
  - 동효 두 개 중 하나가 변할 효이면 본괘의 해당 동효로 해석한다.
  - 동효 두 개가 모두 변할 효가 아니면 본괘의 괘사로 해석한다.

- **동효가 세 개인 경우**
  - 동효 세 개 중 하나가 변할 효이면 본괘의 해당 동효로 해석한다.
  - 동효 세 개가 모두 변할 효가 아니면 본괘(本卦)와 지괘(之卦)의 괘사를 합해 해석한다.

- **동효가 네 개인 경우**
  - 동효 네 개 중 하나가 변할 효이면 본괘의 해당 동효로 해석한다.
  - 동효 네 개가 모두 변할 효가 아니면 지괘의 괘사로 해석한다.

- **동효가 여섯 개인 경우**
  - 본괘가 건괘(乾卦)이면 건괘의 용구로, 곤괘(坤卦)이면 곤괘의 용육으로 해석한다.
  - 본괘가 건괘와 곤괘가 아닌 경우는 지괘의 괘사로 해석한다.